MW01709438

Plages et Calanques de *Marseille*

Plages et Calanques de *Marseille*

De Ponteau à Port-Pin, le guide des bords de mer

Textes **Gilles Del Pappas**
Photographies **Sylvain Ageorges**

LES BEAUX JOURS

Sommaire

La côte Bleue

Le massif des Calanques

Introduction

DANS TOUT MARSEILLAIS SOMMEILLE UN PLAGISTE, tant le culte du corps est omniprésent dans la vieille cité méditerranéenne. Dès les beaux jours, on bronze et on plonge, ce qui n'est pas le moindre charme de la ville… Même en hiver, quand le soleil plombe* bien droit, on peut risquer un pied dans l'eau froide, puis un autre… et, centimètre après centimètre, se retrouver à prendre un bain au Premier de l'an !

Pourtant, récemment encore, on ne pouvait guère parler de plage à Marseille sans ricaner. En effet, à part celles des Catalans, du Prophète ou de la Pointe Rouge, il n'existait pas véritablement d'endroit où l'on puisse se poser sur le sable. C'est grâce à Gaston Defferre et aux chantiers du métro que cette lacune a été comblée. La cité phocéenne s'enorgueillit aujourd'hui de plusieurs jolies plages, deux juste après l'Estaque, les Corbières à l'extrémité ouest, et la plage du Prado de l'autre côté.

Cependant les Marseillais demeurent plus « calanquais » qu'amateurs d'étendues sablonneuses – raison pour laquelle ce livre s'intéresse aussi bien aux unes qu'aux autres.

Passé l'âge des châteaux de sable et de l'apprentissage de la natation, les minots* préfèrent taquiner le fiu-peland (crabe typique de ce coin du monde) ou la rascasse avec la fouine dans les rochers… Partout, on se baigne. Du Pharo à Callelongue, dans chaque trou un escalier conduit aux rochers. De l'autre côté du Vieux-Port, on ne peut malheureusement plus aller sur la jetée dont les propriétaires ont fermé les accès. Quel dommage ! Cette longue langue de pierre était pour nous une immense calanque ouverte sur le large, pratiquement jusqu'à l'Estaque. Bien

* Les mots suivis d'un astérisque sont explicités dans le lexique en fin d'ouvrage.

Calanque de Sugiton.

des joies ont été ainsi supprimées d'un trait de plume. Par souci de sécurité, dit-on… Peut-être. Mais l'endroit était avant tout populaire, une qualité qui suffit ici à éveiller la méfiance des autorités !

Quand j'étais niston*, nous nous baignions aussi aux « pierres plates » de la sortie du Vieux-Port et nous plongions depuis un pylône encore en place de l'ancien pont transbordeur…

Les temps ont changé. Reste que tout cacou*, toute girelle* doit avoir en permanence le maillot de bain à portée de la main… au cas où. Eux comme les autres trouveront ici le recensement des lieux à découvrir et à pratiquer sans modération.

Pour simplifier le classement, cet ouvrage s'affranchit des frontières administratives et considère successivement les plages dans Marseille (du Vieux-Port à Callelongue), la côte Bleue (de l'Estaque à Ponteau, à l'ouest de la ville) et les calanques (de Callelongue à Cassis, à l'est).

Bonnes découvertes !

Les plages de Marseille

Si tu veux tout autour de la Corniche,
Tous les deux en tramway comme les riches
Entre l'eau et le ciel nous ferons le voyage le plus merveilleux. »

Et malgré que la route soit trop brève,
Si nos cœurs tendrement font un beau rêve
Nous nous croirons, tu verras,
Dans un *sleepinge* tout le long de la Riviera
Car quand on s'aime, d'amour extrême
Tout paraît plus beau ici-bas

« Tout autour de la Corniche », in *Les Gangsters du Château d'If*, opérette de René Sarvil (livret), Vincent Scotto (musique) et Henri Alibert (chant), 1936

Commençons par un aveu. Comme beaucoup de nistons* de la Martialle, j'ai toujours préféré les rochers aux plages – plus drôles, plus favorables aux découvertes. Les paysages sous-marins sont des mondes fantastiques, changeants du matin au soir, riches en poissons à espincher* ou à chasser, sans parler des crabes, des poulpes et autres animaux extraordinaires.
En comparaison, les fonds plats me paraissent bien dénués d'attraits, jusqu'à leurs poissons également plats et désespérément jaune sable. Un monde monochrome sans rapport avec la variété des espèces et des couleurs des poissons de roche : fiélas (congres), gallinettes* (rougets grondins), chapons (grosses rascasses), cigales de mer, girelles* royales ou simples, étoiles de mer, hippocampes, oursins...
Il faut préciser que les deux seules plages existantes autrefois, les Catalans et la Pointe Rouge, étaient bondées et jonchées de détritus. Aujourd'hui, les plages sont plus nombreuses et – relativement – propres. Elles restent populaires et très fréquentées ; assistons-nous à une mutation du Marseillais ?

Quelques détails pratiques :
Il se trouve dans Marseille onze postes de secours et huit consignes gardées gratuites où l'on peut laisser son argent, ses clefs de voiture, son portable... Chaque année, 1 500 000 visiteurs convergeraient vers les plages. Celles-ci seraient au nombre de quatorze selon la mairie, ce qui est sans rapport avec le grand nombre d'endroits où l'on a plaisir à se baigner.

Le Frioul

Marseille 1er

« Le visage lavé par une eau glaciale que portait le vent, les yeux pleins de larmes, la poitrine pleine de froid, je vis naître les îles tremblantes de blancheur, posées sur une mer grise. »

Louis Brauquier, *Je connais les îles lointaines. Poésies complètes,* La Table Ronde, 1994.

Comment y aller

Embarquement sur les vedettes du Groupement des armateurs côtiers, quai des Belges, au débouché de la Canebière sur le Vieux-Port. Départ toutes les heures en été, de 6 h 45 à 23 h 30. Fréquents changements d'horaires : il est prudent de s'enquérir à l'avance des heures de passage des navettes pour le retour. La plage de Saint-Estève, sur Ratonneau, est accessible à pied ou par un train depuis Port-Frioul.

L'ARCHIPEL DU FRIOUL est composé de quatre îles : Pomègues, Tiboulen, Ratonneau et If. Le nom du Frioul vient probablement du latin *Fretum Julii,* « flotte de Jules » (car César mouilla ses embarcations dans ce lieu lors du siège de Massilia en 49 avant notre ère), à moins qu'il ne dérive du provençal *fréu*, « passage, bras de mer entre deux îles ». Pline l'Ancien, célèbre encyclopédiste

L'île d'If et son célèbre château.

romain, avait quant à lui nommé ces îles *Stoechades*, ce qui signifie « les unes à la suite des autres ». Passage de contrôle obligé à l'entrée du Vieux-Port, l'archipel du Frioul a toujours constitué l'avant-poste défensif de la ville. Les îles furent fortifiées par François Ier, puis par Vauban sous Louis XIV, et une digue relie Pomègues à Ratonneau depuis 1822. Ces dispositifs furent étoffés d'un réseau de tunnels souterrains durant la Seconde Guerre mondiale. En 1971, les îles du Frioul furent rachetées à la Marine nationale par la ville de Marseille ; elles sont aujourd'hui consacrées à la préservation de la nature et au tourisme.

Des quatre îles, **Tiboulen** est la plus petite, inaccessible sans bateau privé. Peu importe ; il n'y a rien à y voir hormis les gabians* (goélands leucophées) qui y nichent.

L'île d'If, longue de 290 mètres et large de 168, était nommée *Hypea* par les Grecs. Elle doit sa notoriété à son fameux château et à Alexandre Dumas par la grâce de son roman *Le Comte de Monte Cristo* (1844). L'île recueillit en 1516 un rhinocéros qu'Emmanuel le Magnifique destinait au pape. Indisposé par la traversée, l'animal fut débarqué dans les verts pâturages d'If et reçut la visite de François Ier, de passage à Marseille. « Paré comme une dame de la cour », le rhinocéros n'absorba cependant pas toute l'attention du souverain, qui

nota l'intérêt défensif de l'île et décida en 1524 d'y construire un fort. Lequel fut plus tard commué en prison d'État dont le détenu le plus célèbre fut Mirabeau, enfermé par son père mécontent de ses frasques. Aujourd'hui, on peut se restaurer agréablement à la terrasse du Donjon, mais l'accostage est payant et il est impossible de se baigner. En revanche, Port-Frioul offre la possibilité de se restaurer et de loger au centre Léo-Lagrange.

Longue de 2 500 mètres, **Pomègues** tient certainement son nom de *Portus Mese Aigues*, « port moyen », au milieu des eaux. Elle a aussi été désignée comme l'île de Bramaupant ou de Saint-Jean-Baptiste. Pomègues a malheureusement perdu tous ses arbres pour les nécessités de la construction navale mais elle offre plusieurs calanques et criques accessibles aux baigneurs, notamment la Grande Calanque et la calanque des Cambrettes.

- **Île d'If** : restaurants.
- **Île de Ratonneau, plage de Saint-Estève** : baignade surveillée, poste de secours, WC, douches, buvette avec tonnelle, location de parasols.

Une des nombreuses calanques de l'île de Ratonneau

La plage de Saint-Estève.

Le nom de **Ratonneau** viendrait du grec *Protê*, « celle qui est en avant ». Dès le XVIIe siècle, les épidémies de peste et de choléra incitèrent la municipalité à placer en quarantaine aux îles du Frioul les navires en provenance du Levant. Précaution qui n'empêcha pas la décimation de la moitié de la ville en 1720. L'île fut abandonnée à un original, Jean Gourin dit Francœur qui, en 1765, s'en déclara le roi et défendit son territoire de toute visite, les armes à la main. Force revint cependant à la puissance publique, qui édifia sur Ratonneau l'hôpital dit Caroline dont les bombes de la Libération n'ont laissé que quelques vestiges. Dans les années 1960, des promoteurs voulurent construire sur l'île un ensemble immobilier de 7 000 logements, mais l'opération tourna court.

Saint-Estève est la seule plage officielle de Ratonneau. Les âmes aventurières apprécieront également les calanques de Ratonneau, du Berger ou de Morgire.

Le Cercle des Nageurs de Marseille

Marseille 7e

LE CERCLE DES NAGEURS DE MARSEILLE, à l'est du Vieux-Port, est le premier endroit où l'on puisse se baigner en partant du centre de la ville. Bien sûr, les minots* se baignent toujours, à leurs risques et périls, des deux côtés de l'entrée du port, à la hauteur du Pharo. Mais c'est dangereux, interdit et guère propre…

Le « Cercle », comme disent les Marseillais, est situé juste à côté de la jolie plage des Catalans. Il dispose de trois piscines dont un bassin d'eau de mer extérieur, mais surtout d'une plagette où va se baigner toute la bourgeoisie de la ville. C'est bien Marseille, cela : le club le plus huppé côtoie la plage

Comment y aller

Prendre le bus 83 au Vieux-Port (côté mer, à la sortie du métro) jusqu'à l'arrêt « Catalans » ou « Corniche Audéoud ». À pied, compter un quart d'heure de marche depuis le Vieux-Port.

Cercle des Nageurs de Marseille
Extrémité du boulevard Charles-Livon
13007 Marseille
Tél. 04 96 11 55 55
www.cnmarseille.com

la plus populaire. Car le Cercle est un club privé, et très sélectif. Seul moyen d'y pénétrer : être invité par un de ses adhérents. Et pour en devenir membre, il faut être adoubé par un « parrain » et payer une coquette somme d'argent.

À Marseille, rien ne se fait comme ailleurs et c'est dans ce club mythique que se réunit l'élite de la « Cité aux ombres noires ». On y vaque à ses affaires, on y fait de la politique, mais surtout on s'y rencontre entre jeunes gens du même monde, avec de beaux mariages à la clef. Le niveau d'une famille sur l'échelle sociale marseillaise se mesure à son nombre d'adhérents au CNM, et intégrer le Cercle est le rêve de beaucoup de Phocéens. Cela dit, c'est aussi un grand club sportif qui, depuis sa création en 1921, a formé de grands champions français de natation et de water-polo.

Entrée sur invitation ou parrainage d'un membre.
Baignade surveillée, solarium, douche, eau potable.

Les Catalans

Marseille 7e

« Prouvençau, veici la Coupo
Que nous vèn di Catalan ;
A-de-rèng beguen en troupo
Lou vin pur de noste plant. »

« Provençaux, voici la coupe
Qui nous vient des Catalans
Tour à tour buvons ensemble
Le vin pur de notre cru. »

Frédéric Mistral, « *Coupô Santo* / Coupe sainte », 1867

EN FAISANT BOIRE À LA MÊME COUPE Provençaux et Catalans, Mistral rendait hommage à ses confrères poètes et écrivains de langue catalane. Mais les deux peuples n'ont pas toujours entretenu des relations aussi cordiales. Ainsi, en novembre 1423, les Catalans attaquèrent la ville avec à leur tête Alphonse V, roi d'Aragon. Les soldats incendièrent des milliers de maisons et s'adonnèrent au pillage durant trois jours. Ils emportèrent en trophée la châsse de saint Louis d'Anjou et la chaîne qui fermait le port, aujourd'hui encore exposée dans la cathédrale de Valence… Trois siècles plus tard, au XVIIIe, les Bourbons autorisèrent une colonie de Catalans à venir pêcher sur les côtes marseillaises et à vendre leurs produits dans la ville. Pour éviter les altercations avec les Marseillais, les autorités municipales de l'époque les laissèrent s'installer dans les pavillons du lazaret – le refuge pour pestiférés, lépreux et cholériques placés en quarantaine en dehors de la ville – qui était désaffecté depuis 1660. Ces Catalans ont naturellement laissé leur nom à tout le quartier environnant.

Comment y aller

Prendre le bus 81, 82 ou 83 au Vieux-Port (côté mer, à la sortie du métro) jusqu'à l'arrêt « Catalans ». À pied, compter un quart d'heure de marche depuis le Vieux-Port.

Dans les années 1950, on construisit sur la plage alors privée de ce quartier des cabines qui évoquent irrésistiblement les plages normandes. Elles ont abrité bien des amours adolescentes... Pour ne pas payer l'entrée, les gamins se laissaient couler le long de la falaise toute proche et rejoignaient les Catalans à la nage. Il y a quelques années, cette plage de centre-ville où fut inventé le beach-volley a été récupérée par la mairie, le concessionnaire étant incapable d'entretenir les cabines qui font le charme désuet du lieu. Depuis lors, la plage des Catalans est gratuite et propose des services incomparables : propreté, solarium, douches, maîtres nageurs, consignes, terrains de volley... Les fanatiques de ce sport se retrouvent été comme hiver sous le regard des petits vieux qui commentent d'en haut, depuis la rue, le jeu de ballon... et la plastique des joueuses !

Baignade surveillée, WC, douches, eau potable, solarium, consignes, buvette, restaurants, terrains de volley.

HOTEL**
Le Richelieu
Cegelec
Club de Volley - Ball
des Catalans

Le Petit Pavillon

Marseille 7e

Comment y aller

Prendre le bus 83 au Vieux-Port (côté mer, à la sortie du métro) jusqu'à l'arrêt « Corniche Frégier ».
À pied, compter 20 minutes de marche depuis le Vieux-Port.

LE PETIT PAVILLON est l'un des plus anciens établissements balnéaires de la ville. Méconnu, un peu oublié, il a pourtant toujours fière allure. Ses planches surplombant la mer accueillent les baigneurs depuis presque un siècle. En 1921, le Petit Pavillon fut même le théâtre d'une célèbre « course des trois sports » : cyclisme de la place Castellane jusqu'au Prado, course à pied le long de la Corniche, et enfin natation depuis les planches du Petit Pavillon. Cette course, réinventée cinquante ans plus tard à Hawaï, se pratiquait aussi à la même époque en bord de Marne ; mais il se pourrait bien que celle de Marseille ait été l'un des tout premiers triathlons de l'histoire…

Aujourd'hui, l'établissement se compose d'un restaurant, d'un club de plongée et d'un solarium avec accès Wifi. Les promeneurs qui passent sur la route ne se lassent pas d'espincher* les girelles* qui s'y font bronzer. On se baigne depuis les planches ou la minuscule plage de sable en contrebas. Et juste à côté du Petit Pavillon, l'hôtel Péron offre une vue splendide sur ce qui est, pour tout Marseillais, la plus belle rade du monde…

Restaurants, solarium, club de plongée.

Bains de mer du Petit Pavillon
54, corniche du Président-John-Fitzgerald-Kennedy
13007 Marseille
Tél. 04 91 31 00 38

Hôtel Péron
119, corniche du Président-John-Fitzgerald-Kennedy
13007 Marseille
Tél. 04 91 31 01 41
www.hotel-peron.com

Le Bistrot Plage

Marseille 7e

Comment y aller

Prendre le bus 83 au Vieux-Port (côté mer, à la sortie du métro) jusqu'à l'arrêt « Vallon des Auffes ».
À pied, compter 20 minutes de marche depuis le Vieux-Port.

LE BISTROT PLAGE ? L'endroit branché par excellence. Adossé au « monument aux morts de l'armée d'Orient et aux héros des terres lointaines », ce restaurant-bar dispose d'une plage privée et bénéficie d'une vue exceptionnelle sur toute la rade. De là, on assiste au ballet des énormes ferries silencieux qui sillonnent la Méditerranée. Et lorsque les lumières du coucher de soleil sur la mer se mêlent aux néons verts de la ville olympienne au loin, on a l'impression de baigner dans un immense aquarium cosmique…

Ouvert tous les jours de 10 heures à 2 heures du matin. Restaurant (spécialité poissons), *lounge bar* (techno), solarium, location de matelas.

Le Bistrot Plage
60, corniche du Président-John-Fitzgerald-Kennedy
13007 Marseille
Tél. 04 91 31 80 32

Le vallon des Auffes

Marseille 7e

Restaurants.

C'EST EN 1740 QUE CE LIEU a été nommé « vallon des Auffes » – du provençal *aufo*, le travail du sparte (genêt d'Espagne, dont les fibres sont utilisées en sparterie). C'est en effet ici que les maîtres auffiers de Marseille tressaient leurs cordes. D'en haut, juste en face du « monument aux morts de l'armée d'Orient et aux héros des terres lointaines », on peut contempler à loisir le petit port encombré de pointus*, de filets et de pêcheurs… On était en ville, on se retrouve soudain dans un petit village plein de charme. Il est dit que Marseille est en réalité constituée d'une centaine de villages. Ici, on comprend pourquoi ! Dans cette calanque abritée des vents, l'esprit des anciens est encore présent. On rencontre d'ailleurs des Raimu, des Fernandel, de vrais personnages typiques à tous les coins de traviolles*… Ils sont pêcheurs, et ils aiment parler aux promeneurs de « leur » vallon des Auffes d'antan.

Pour descendre dans la calanque, le plus simple est d'emprunter les escaliers derrière l'abri-bus ou de l'autre côté du viaduc. Trois restaurants mythiques y sont établis : Chez Fonfon, la Pizzeria Jeannot et enfin l'Épuisette où, dit-on, les

gangsters Carbone et Spirito venaient se restaurer en surveillant à la jumelle leurs trafics de cigarettes, de drogue et même de parmesan ! Pour se baigner, il faut emprunter le ponton de bois qui longe la falaise et passe sous une arche du viaduc. On peut s'installer sur les rochers, sur les deux dalles de béton à l'entrée du port, ou bien sur la petite plage de sable : elle est idéale pour les personnes âgées et les petits enfants car la déclivité du sol est faible et on y est à l'abri des vagues.

Comment y aller

Prendre le bus 83 au Vieux-Port (côté mer, à la sortie du métro) jusqu'à l'arrêt « Vallon des Auffes ».
À pied, compter 20 minutes de marche depuis le Vieux-Port.

Malmousque

Marseille 7e

D'APRÈS ROBERT BOUVIER, grande référence en matière de parler marseillais, le nom de Malmousque proviendrait de *malo mousco*, « mauvaise mouche » en provençal (Robert Bouvier, *Origine des quartiers de Marseille*, éditions Jean-Michel Garçon, 1988) – ce qui laisse à penser que ces lieux étaient autrefois insalubres…

Pour se rendre à la presqu'île de Malmousque, il suffit d'emprunter la rue du même nom, sur la corniche Kennedy. Au bout de ce chemin, qui longe la mer bien loin du bruit de la circulation, on arrive dans un petit village tranquille plein de travioles* biscornues aux noms malicieux – impasse

du Plaisir, rue Va-à-la-calanque… Pourtant on est en pleine ville ! Là, par un petit chemin côtier, on accède à des criques, puis aux Pierres Plates, un solarium très prisé en hiver, et enfin au pont de la Fausse-Monnaie (voir p. 32).

La presqu'île abonde en rochers propices aux plongeons, et possède aussi quelques petites plages de galets comme la calanque du Cuivre, qui est située sous les bungalows de la Légion étrangère. Il fait bon s'y baigner tôt le matin, quand la grande cité sommeille encore, ou bien de nuit, l'été : par mer plate, le plancton phosphorescent accompagne le mouvement du corps de ses millions de petites lumières, c'est absolument magique !

Eau potable
dans la calanque du Cuivre.

Comment y aller

Prendre le bus 83 au Vieux-Port (côté mer, à la sortie du métro) jusqu'à l'arrêt « Endoume », puis emprunter la rue de Malmousque, entre le 110 et le 112, corniche du Président-John-Fitzgerald-Kennedy. À pied, compter une demi-heure de marche depuis le Vieux-Port.

En face de Malmousque, le minuscule îlot Degaby fut offert par un riche industriel marseillais à la sulfureuse danseuse Diane Degaby ; aujourd'hui, le fortin est habité par un célèbre créateur. Tout à côté se trouve l'îlot des Pendus de l'anse de Maldormé, ainsi dénommé en raison des pauvres hères qui furent condamnés à y être pendus par le roi Alphonse d'Aragon et qui dormirent certainement mal la nuit précédant leur exécution… Cet îlot a la particularité d'être percé d'est en ouest à sa base. En plongeant des rochers de Malmousque à la tombée de la nuit, on peut apercevoir la lumière rasante du soleil qui le traverse… C'est une heure envoûtante où il fait bon siroter un petit rosé glacé de Bandol ou du Luberon tandis que passent les énormes bateaux silencieux, véritables villes flottantes éclairées comme pour la parade…

La Fausse-Monnaie

Marseille 7e

LE NOM DE CETTE JOLIE PETITE CALANQUE, trop marseillais pour être honnête, divise les érudits locaux. Selon la légende, le vallon aurait été longé par un chemin douanier surveillant les contrebandiers trafiquant avec le Maroc ou l'Espagne, ou aurait abrité des bandits de grand chemin qui auraient frappé là de fausses pièces à partir de celles dérobées aux voyageurs. Mais le site, qui s'appela longtemps « vallon du Silence », pourrait bien tenir son nom du provençal *fausso mounédo*, qui signifie profondeur solitaire. Toujours est-il que l'habitude avait été prise de jeter à cet endroit, depuis le tram qui passait là-haut, de la petite monnaie dans la mer en faisant un vœu – et, à l'époque, beaucoup de fausse monnaie était en

Comment y aller

Prendre le bus 83 au Vieux-Port (côté mer, à la sortie du métro) jusqu'à l'arrêt « Fausse Monnaie ». On accède à la calanque en descendant directement vers le restaurant Le Petit Nice, ou en descendant par l'escalier de l'autre côté du pont.
On peut aussi aller à la Fausse-Monnaie en passant par Malmousque (voir « Comment y aller » p. 29) et en suivant le bord de mer.
À pied, compter 35 minutes de marche depuis le Vieux-Port.

circulation… La plage est également surnommée les Pierres Plates, en référence au solarium tout proche, ou Le Petit Nice, du nom du célèbre restaurant qui la surplombe et qui est réputé cuisiner la meilleure bouillabaisse* du coin.

Inutile de plonger d'en haut de la Corniche pour séduire les filles, comme certains jobastres* s'y essaient parfois : c'est de la folie furieuse ! Dernièrement, un minot* s'est tué en tentant l'expérience… Ici on se baigne surtout dans les cailloux, bien qu'il existe une petite plage dans le fond de la calanque, sous une arche du pont de la Fausse-Monnaie.

Tout Marseillais est un jour venu bronzer et se baigner ici. On s'installe sur les pierres plates juste en dessous du restaurant et on s'espinche* en profitant du soleil…

Eau potable sous la première arche du viaduc de la Fausse-Monnaie, solarium et restaurant à proximité.

Le Prophète

Marseille 7e

INUTILE D'INVENTER UNE HISTOIRE d'ermite diseur de bonnes paroles : personne ne sait pourquoi ce lieu s'appelle le Prophète ! C'est une vraie plage de sable, une des plus anciennes de la ville. Elle est exclusivement fréquentée par les nageurs débutants et les enfants en bas âge car la déclivité en mer y est très faible. Pour avoir de l'eau jusqu'au cou, il faut marcher jusqu'à Tataouine ! (À Marseille, on n'hésite pas à marcher jusqu'en Tunisie…) Tous les petits de la ville apprennent à nager ici, seuls ou avec un grand frère ou une grande sœur, pendant que leur mère les surveille du coin de l'œil. Le truc, c'est de flotter en gardant subrepticement

Comment y aller

Prendre le bus 83 au Vieux-Port (côté mer, à la sortie du métro) jusqu'à l'arrêt « Le Prophète ». À pied, compter 40 minutes de marche depuis le Vieux-Port.

un pied sur le sol. À force de tricher, on oublie de se tenir et hop ! on sait nager…

Autrefois, un tram faisait tout le tour de la Corniche. Il se chargeait de ramener à bon port parents et marmots exténués par une magnifique journée passée à jouer dans le sable et à barboter dans l'eau. Hélas ! pour d'obscures raisons, les ingénieurs et hommes politiques marseillais ont jugé bon de remplacer cette ancienne ligne de tramway, qui allait de l'Estaque à la Pointe Rouge, par des lignes de bus. Dommage : ce tram était charmant et il aurait grandement concouru à l'attrait touristique de la Corniche.

Baignade surveillée, WC, douches, consignes, buvette.

Le Palm Beach

Marseille 7e

LE PALM BEACH EST L'UN DES RARES HÔTELS de luxe de Marseille. D'ici, on domine toute la plage du Prado jusqu'à la Pointe Rouge, et le panorama sur la mer et les îles du Frioul est magnifique. L'hôtel dispose d'une piscine avec sauna et jacuzzi, et d'un restaurant gastronomique. La piscine est, hélas, réservée aux clients de l'hôtel.

Autrefois ce n'était pas le cas : les Bains du Roucas, créés en 1875, accueillaient les familles tous les jours, d'avril à octobre. Dans les années 1960, on y trouvait une grande piscine dont l'eau était éternellement abonnée aux 21 °C car elle était alimentée par la source thermale du Roucas-Blanc

Pullman Marseille Palm Beach
200, corniche du Président-John-Fitzgerald-Kennedy
13007 Marseille
Tél. 04 91 16 19 00
www.pullmanhotels.com

Comment y aller

Prendre le bus 83 au Vieux-Port (côté mer, à la sortie du métro) jusqu'à l'arrêt « Corniche Talabot ».

À pied, compter une bonne heure de marche depuis le Vieux-Port.

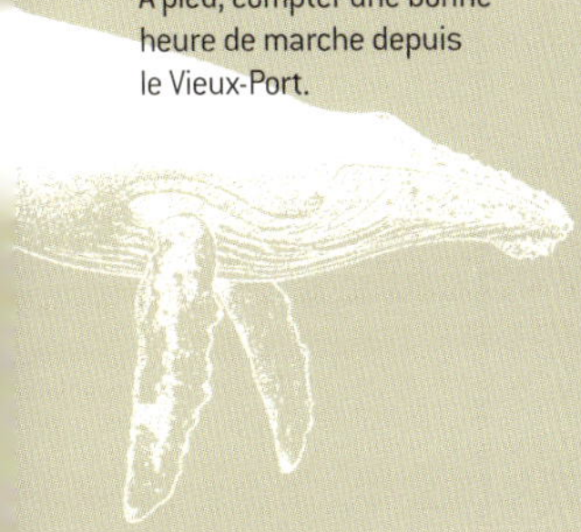

(« le rocher blanc » en provençal). Une pataugeoire avec une petite vasque au milieu, un terrain de volley, un de boule, un restaurant ainsi qu'une plage et divers solariums étaient également proposés au public. Les indispensables ping-pongs, baby-foots et flippers étaient littéralement pris d'assaut, avec en fond musical « Le téléphone pleure » de Claude François et « Wight is Wight » de Michel Delpech… Protégeant l'établissement des fureurs de la mer, une digue encerclait une vaste étendue d'eau au milieu de laquelle se trouvait une petite île de sable fin. L'eau n'étant pas profonde, on pouvait traverser à pied, la serviette sur la tête, pour aller s'installer sur l'île…

Fermé puis démoli au milieu des années 1970, le Palm Beach a fait place au Concorde puis au Pullman Marseille Palm Beach, mais on n'y trouve plus ni baby-foot ni glace à l'eau. Ni Marseillais, d'ailleurs…

Restaurant, eau douce, école de voile à proximité.

Plages Gaston-Defferre

Marseille 8e

LES PLAGES GASTON-DEFFERRE, du nom du maire qui a régné sur Marseille de 1953 à 1986, sont les plus grandes de la ville. Elles ont été créées dans les années 1980 à partir des anciennes plages du Prado – d'ailleurs, la plupart des Marseillais les désignent encore sous ce nom –, qui ont été radicalement transformées. Dans les années 1960, l'Huveaune, une rivière dépotoir, y déversait des flots d'immondices. Les plages étaient bien moins larges et, depuis la route qui les longe, le mistral

Baignade surveillée, WC, douches, eau potable, consignes, buvette, restaurants, jeux pour enfants, parc à vélos, zone de départ d'activités nautiques.

rabattait l'hiver des paquets de mer sur les voitures. Malheur à celui qui avait laissé un interstice entre la vitre et la carrosserie !

Aujourd'hui, le paysage a complètement changé. Les eaux de l'Huveaune ont été dépolluées, canalisées et se jettent plus loin (voir Épluchure Beach, p. 42). Mais surtout, les édiles de la ville ont décidé de déposer à cet endroit la terre extraite du sol lors des travaux de construction de la première ligne de métro. Résultat : 50 hectares ont été gagnés sur la mer ! Rebaptisé, le lieu est devenu un joli ensemble de plages de gravier ou de sable artificiel avec des arbres, des talus gazonnés, des douches, des maîtres nageurs, des restaurants, des jeux pour enfants et même un monument dédié à Arthur Rimbaud, mort à Marseille à l'hôpital de la Conception. C'est une plage très populaire où, le week-end, les gens des quartiers nord viennent en famille se reposer et se baigner. Ici, on prend vraiment le pouls de la grande capitale méditerranéenne.

Comment y aller

Prendre le bus 83 au Vieux-Port (côté mer, à la sortie du métro) jusqu'à « Plage du Roucas Blanc », « Place de l'Amiral-Muselier » ou « La plage ». On peut aussi prendre le métro de la station « Vieux-Port » jusqu'à « Rond-Point du Prado », puis, avec le même ticket, le bus 19 jusqu'à l'arrêt « La plage ».

Éplucharge Beach

Marseille 8ᵉ

ÉPLUCHURE BEACH EST LE SEUL VESTIGE intact des anciennes plages du Prado. On s'y donne rendez-vous pour faire de la voile ou du surf, car il y a du vent et de belles vagues, mais on ne s'y baigne pas. D'ailleurs, on ne s'y est jamais baigné, car c'était exactement là que l'Huveaune déversait toutes sortes d'ordures dans la mer et sur la plage – d'où son surnom d'Épluchure Beach… Oui, c'était une horreur, mais les usines qui polluaient la rivière ont toutes fermé et il paraît qu'aujourd'hui l'Huveaune est propre comme un sous neuf. Alors ? Qui se lance ?…

Baignade surveillée, zone de départ d'activités nautiques.

Comment y aller

Prendre le bus 83 au Vieux-Port (côté mer, à la sortie du métro) jusqu'à l'arrêt « La plage » et marcher quelques centaines de mètres. On peut aussi prendre le métro de la station « Vieux-Port » jusqu'à « Rond-Point du Prado », puis, avec le même ticket, le bus 19 jusqu'à « Plage Planche à voile ».

Bonneveine

Marseille 8e

SŒUR JUMELLE DES VASTES PLAGES Gaston-Defferre, celle de Bonneveine a été créée ultérieurement avec, cette fois, les déblais de la ligne 2 du métro. Il est à gager que si une troisième ligne de métro était creusée, on verrait probablement apparaître une nouvelle plage du côté de la Pointe Rouge ! Les Marseillais appellent ce lieu plage du Prado, en référence à l'ancien bord de mer, ou parfois plage Borély, du nom du parc tout proche, ou encore Vieille Chapelle, en hommage à un édifice religieux détruit en 1863. Son nom officiel est Bonneveine, « bonne avoine » en latin, car jadis l'irrigation de la zone par l'Huveaune était propice à cette culture.

Comment y aller

Prendre le bus 83 au Vieux-Port (côté mer, à la sortie du métro) jusqu'à l'arrêt « La plage », puis le 19 jusqu'à « Vieille Chapelle » ou « Bonneveine ».
On peut aussi prendre le métro de la station « Vieux-Port » jusqu'à « Rond-Point du Prado », puis, avec le même ticket, le bus 19 jusqu'à l'arrêt « Vieille Chapelle » ou « Bonneveine ».

Sur cette plage de galets, la plus propre de la ville, on est à la merci de la houle et des caprices de la météo ; de plus, l'endroit est lugubre été comme hiver. En revanche, c'est ici que se trouve le « bowl park » le plus célèbre de France, dessiné par Jean-Pierre Collinet. Les jeunes skaters de Marseille et du monde entier s'y retrouvent toute l'année, surtout lors du fameux Quicksilver Bowlrider, la manche européenne de la Coupe du monde de skate bowl (acrobatique) qui s'y tient depuis 1999 le troisième week-end de mai…

Baignade surveillée, WC, douches, eau potable, consignes, terrains de skate, buvette, restaurants, parc à vélos.

La Pointe Rouge

Marseille 8e

LA PRÉSENCE DE ROCHES ferrugineuses tirant sur le rouge a donné son nom au quartier de la Pointe Rouge. Sa plage de sable fin est l'une des plus anciennes de Marseille. On vient ici en famille ; c'est le royaume de l'huile solaire, des chichis-frigis*, des pelles et seaux, des grands-mères qui se baignent avec leurs petits-enfants en brassards, des cacous* aux gourmettes en or, des clefs de voiture perdues, des sandwichs saucisson-sable qui crissent sous la dent, des peaux bronzées plus que de raison, des premières aventures avec les crabes, les poissons, les étoiles

Comment y aller

Prendre le bus 83 au Vieux-Port (côté mer, à la sortie du métro) jusqu'à l'arrêt « La plage », puis le 19 jusqu'à « Pointe Rouge ». On peut aussi prendre le métro de la station « Vieux-Port » jusqu'à « Rond-Point du Prado », puis, avec le même ticket, le bus 19 jusqu'à l'arrêt « Pointe Rouge ».

Baignade surveillée, WC, douches, eau potable, consignes, restaurants, snacks.

de mer… La vue sur la rade est majestueuse, et l'on peut se restaurer à l'une des nombreuses tables qui longent la plage, les pieds dans le sable, pendant que les enfants jouent au ballon tout près. (Mieux vaut réserver le midi.) Le soir, le soleil se couche juste en face, dans la mer… C'est le paradis !

Le Bain des Dames

Marseille 8e

La minuscule plage du Bain des Dames marque la frontière entre le Marseille bourgeois et le domaine des cabanons de calanque. Ici, ce sont encore des cabanons « de ville », d'anciens abris à pointus* où l'on passe quelques heures, voire la journée, mais où l'on ne dort pas – contrairement aux cabanons de la côte Bleue, qui sont de véritables petites maisons.

Au fond de la crique, il reste une des rampes en maçonnerie par lesquelles on halait jadis les barques pour les mettre à l'abri. Sur les plages suivantes, presque toutes les rampes ont été remplacées par des dalles plates sur lesquelles les cabanonniers* sortent leur transat et leur table pour boire l'apéro ou manger la sardinade*. Ils en sont propriétaires et les entretiennent à leurs frais, on ne peut donc pas s'y installer.

Comment y aller

Prendre le bus 83 au Vieux-Port (côté mer, à la sortie du métro) jusqu'à l'arrêt «La plage », puis le 19 jusqu'à « Montredon Miremonts ».
On peut aussi prendre le métro de la station « Vieux-Port » jusqu'à « Rond-Point du Prado », puis, avec le même ticket, le bus 19 jusqu'à l'arrêt « Montredon Miremonts ».

L'anse des Phocéens

Marseille 8e

L'ANSE DES PHOCÉENS est une petite plage sans cabanon qui ressemble comme une sœur aux deux plages suivantes, les Sablettes et la Verrerie (voir p. 52 et 54). Populaire et sympathique, elle est entièrement à l'ombre jusqu'à midi, ce qui lui vaut la préférence des familles avec enfants en bas âge aux plus grandes chaleurs de l'été. Un restaurant offre des tables où l'on peut prendre un repas les pieds dans le sable.

Comment y aller

Prendre le bus 83 au Vieux-Port (côté mer, à la sortie du métro) jusqu'à l'arrêt « La plage », puis le 19 jusqu'à « Grotte Rolland ». On peut aussi prendre le métro de la station « Vieux-Port » jusqu'à « Rond-Point du Prado », puis, avec le même ticket, le bus 19 jusqu'à « Grotte Rolland ».

- Restaurant.

L'anse des Sablettes

Marseille 8e

CETTE PLAGE EST APPELLÉE « les Sablettes » par les Marseillais, comme la célèbre plage de La Seyne-sur-Mer, dans le Var. Elle porte également le nom de «Colombet», en hommage au boulevard qui la longe. Populaire et conviviale, elle accueille souvent des fêtes nocturnes. Dès que le soleil baisse à l'horizon, le brasier est allumé et la sardinade* commence, entrecoupée de baignades, de rires, de chansons, d'histoires. La vie est belle ! Hélas, des entrepreneurs ont décidé de raser les anciens hangars à pointus* qui la bordent pour construire on ne sait encore quoi. Espérons que leurs projets ne mettront pas un terme aux belles nuits des cabanons !

Comment y aller

Prendre le bus 83 au Vieux-Port (côté mer, à la sortie du métro) jusqu'à l'arrêt « La plage », puis le 19 jusqu'à « Grotte Rolland ». On peut aussi prendre le métro de la station « Vieux-Port » jusqu'à « Rond-Point du Prado », puis, avec le même ticket, le bus 19 jusqu'à « Grotte Rolland ».

La Verrerie

Marseille 8e

LA PLAGE DE LA VERRERIE se trouve boulevard Bonne-Brise. Ici, luxe suprême, les cabanons ont l'eau et l'électricité ! La plage est surmontée d'un restaurant qui a pris son nom. On peut y commander une pizza et se baigner tranquillement en attendant qu'elle soit prête : les clients sont prévenus par haut-parleur qu'ils peuvent venir à table ! On peut aussi déguster sa pizza sur le sable en contemplant le coucher de soleil sur la mer, ou tout simplement s'asseoir dans l'eau en essayant de ressentir le reste du monde…

Restaurants à proximité.

Comment y aller

Prendre le bus 83 au Vieux-Port (côté mer, à la sortie du métro) jusqu'à l'arrêt « La plage », puis le 19, arrêt « Madrague Lieutenant Moulin ».
On peut aussi prendre le métro de la station « Vieux-Port » jusqu'à « Rond-Point du Prado », puis, avec le même ticket, le bus 19 jusqu'à « Madrague Lieutenant Moulin ».

La Madrague

Marseille 8e

LE PETIT PORT DE PÊCHE de la Madrague a conservé tout son charme. Il doit son nom au filet à compartiments utilisé pour pêcher le thon. Aujourd'hui encore, on y assiste à l'arrivée des pointus* et au dur labeur des pêcheurs. Le matin, on peut acheter du poisson à la sortie du bateau. Pour découvrir cet endroit béni des dieux, il faut laisser la voiture en haut et descendre à pied au port. Cette jolie route sinue tout le long de la côte jusqu'à Callelongue. La promenade est pleine de charme en toute saison. L'hiver, en partant avant le lever du soleil quand souffle le mistral, c'est une expérience inoubliable ! La nature nue fouettée par le vent, les lampes qui se balancent, la beauté brute de la roche et de la mer… On se sent minuscule !

Il est a priori possible de se baigner dans le port, mais les Marseillais apprécient surtout la Madrague pour son club de plongée et son restaurant les pieds dans l'eau.

Comment y aller

Prendre le bus 83 au Vieux-Port (côté mer, à la sortie du métro) jusqu'à l'arrêt « La plage », puis le 19 jusqu'à « Madrague de Montredon ».
On peut aussi prendre le métro de la station « Vieux-Port » jusqu'à « Rond-Point du Prado », puis, avec le même ticket, le bus 19 jusqu'à l'arrêt « Madrague de Montredon ».

Restaurant, club de plongée.

Saména

Marseille 8e

ON PEUT ACCÉDER À SAMÉNA à pied, en suivant le chemin côtier qui part du petit port de la Madrague (voir p. 56). C'est à Saména que les camions venaient rejeter les déchets des usines chimiques… Les autorités municipales ont récemment bétonné tout le côté gauche de la calanque, qui était très originale avec ses veines noires, jaunes et rouges, témoignages des rejets de soufre, de plomb, d'arsenic et autres résidus des hauts fourneaux… Deux zones de chaque côté de la calanque sont encore grillagées et interdites d'accès. Aujourd'hui cependant, Saména est appelée la calanque Blanche et on peut se baigner sur sa petite plage de sable… si on ose !

Comment y aller

Prendre le bus 83 au Vieux-Port (côté mer, à la sortie du métro) jusqu'à l'arrêt « La plage », puis le 19 jusqu'à « Madrague de Montredon ». Ensuite, on peut prendre le bus 20 jusqu'à « Saména », ou finir à pied. On peut aussi prendre le métro de la station « Vieux-Port » jusqu'à « Rond-Point du Prado », puis, avec le même ticket, le bus 19 jusqu'au terminus, « Madrague de Montredon ». Ensuite, on peut prendre le bus 20 jusqu'à « Saména », ou finir à pied.

Mauvais-Pas

Marseille 8e

La plage de Mauvais-Pas porte bien son nom : attention de ne pas tomber dans l'escalier qui y mène ! C'est la première calanque de la côte où l'on ne voit plus Marseille. Elle est située plus au sud et fait donc face à la pleine mer. Idéale pour la plongée, ses fonds marins sont splendides.

Comment y aller

Prendre le bus 83 au Vieux-Port (côté mer, à la sortie du métro) jusqu'à l'arrêt « La plage », puis le 19 jusqu'à « Madrague de Montredon ». Ensuite, on peut prendre le bus 20 jusqu'à « Saména », ou finir à pied. On peut aussi prendre le métro de la station « Vieux-Port » jusqu'à « Rond-Point du Prado », puis, avec le même ticket, le bus 19 jusqu'au terminus, « Madrague de Montredon ». Ensuite, on peut prendre le bus 20 jusqu'à « Saména », ou finir à pied.

Les Goudes

Marseille 8e

POUR ACCÉDER À CE QUARTIER RECULÉ de Marseille, il faut emprunter une route pleine de virages coudés. Son nom viendrait du latin *Mons Gaudi* : mont de la Joie, ou bien du provençal *aigue*, la source, déformé en *aïgoudo* puis en Goudes. En effet, au XVIIIe siècle, les bateaux s'y approvisionnaient en eau douce. D'après la légende, ce serait même ici qu'auraient abordé pour la première fois les Phocéens – mais la chose n'est guère attestée. En revanche, il est certain qu'en 1720, Les Goudes offrirent refuge aux équipages des convois maritimes victimes de la peste.

Aujourd'hui, Les Goudes est un charmant petit village de pêcheurs et un port de plaisance. Construites à flanc de rocher, les habitations plongent presque dans la mer. Les cabanons des Goudes ont été tellement choyés par leurs propriétaires qu'ils se sont transformés en véritables villas ! Outre la crique de sable à l'entrée du village, on se baigne depuis les rochers un peu partout. La petite route qui longe le bord de mer offre une vue splendide sur la rade de Marseille, face aux îles Tiboulen et Maïre.

Ce village au bout du monde constitue la porte des Calanques. Des itinéraires balisés de randonnées sportives pour tous niveaux conduisent des Goudes au massif des Calanques.

Restaurants dans le village.

Comment y aller

Prendre le bus 83 au Vieux-Port (côté mer, à la sortie du métro) jusqu'à l'arrêt « La plage », puis le 19 jusqu'à « Madrague de Montredon ». Prendre ensuite le bus 20 jusqu'à la station « Les Goudes ».
On peut aussi prendre le métro de la station « Vieux-Port » jusqu'à « Rond-Point du Prado », puis, avec le même ticket, le bus 19 jusqu'au terminus, « Madrague de Montredon », puis le bus 20 jusqu'à la station « Les Goudes ».

La baie des Singes

Marseille 8e

VUE DU CIEL, LA CALANQUE aurait la forme d'un singe, d'où son nom. Autre version : la baie aurait été un haut lieu de contrebande, et l'on demandait aux enfants du coin d'être muets comme des singes… Quoi qu'il en soit, la baie des Singes est un site exceptionnel, relativement à l'abri du vent, dans le paysage lunaire des Goudes. Au bout de la calanque, face à l'île Maïre, le restaurant La Baie des Singes possède une plage privée réservée à sa clientèle. Sinon, on se baigne depuis les rochers un peu partout. Les fonds superbes incitent à la plongée, dans une eau turquoise…

Restaurant, location de chaises longues.

Comment y aller

Prendre le bus 83 au Vieux-Port (côté mer, à la sortie du métro) jusqu'à l'arrêt « La plage », puis le 19 jusqu'à « Madrague de Montredon » et le bus 20 jusqu'à la station « Les Goudes ». Enfin, il faut traverser le village sur la gauche et prendre le chemin qui longe la mer jusqu'à la baie des Singes. Prévoir de bonnes chaussures. On peut aussi prendre le métro de la station « Vieux-Port » jusqu'à « Rond-Point du Prado », puis, avec le même ticket, le bus 19 jusqu'au terminus, « Madrague de Montredon » et le 20 jusqu'à la station « Les Goudes ». La baie des Singes se situe au bout de la calanque, en face de l'île Maïre.

Callelongue

Marseille 8e

CALLELONGUE VIENT DU PROVENÇAL *calo longo*, long abri contre le vent. On peut s'y rendre en bus ou en voiture : la petite route qui longe la mer s'arrête ici. Au-delà, c'est le domaine de la roche et de la garrigue.

Pendant deux ans, de 1967 à 1968, la calanque a accueilli un téléphérique sous-marin de quatre cabines qui permettait de découvrir le monde aquatique sans se mouiller. La visite durait 10 minutes et coûtait 10 francs. De toute l'installation, il ne reste aujourd'hui que quatres grosses roues métalliques rouillées…

L'anse sinueuse de Callelongue abrite un joli petit port de pêche. Avec le temps, le bar local s'est transformé en restaurant de luxe.

La calanque est le point de départ de nombreuses randonnées le long du littoral vers les petits ports de Sormiou et Morgiou (voir p. 146 et 151). Les Marseillais préfèrent quant à eux y faire une courte promenade en famille après le déjeuner dominical. On peut aussi bien sûr se baigner depuis les rochers, dans le décor rude et sauvage de cette calanque du bout du monde…

Comment y aller

Prendre le bus 83 au Vieux-Port (côté mer, à la sortie du métro) jusqu'à l'arrêt « La plage », puis le 19 jusqu'à « Madrague de Montredon » et le 20 jusqu'au terminus, « Callelongue ».
On peut aussi prendre le métro de la station « Vieux-Port » jusqu'à « Rond-Point du Prado », puis, avec le même ticket, le bus 19 jusqu'au terminus, « Madrague de Montredon » et le 20 jusqu'au terminus, « Callelongue ».

Restaurant (bouillabaisse* sur réservation), location de chaises longues, club de plongée.

La côte Bleue

« Nos copains et moi nous possédons un cabanon près de Niolon
Le samedi soir on prend le train avec entrain
Et dans le wagon de troisième, on galèje* avec les voyageurs
La bonne humeur est notre emblème, nous avons du soleil dans le cœur

Dans ma petite calanque au bord de mer, sous le ciel bleu
Chaque dimanche on est nombreux

Tous en famille dans l'eau qui scintille on fait les oursins
Puis on se plante une rouste à la pétanque
Sous les grands pins, on va dormir un brin

Dans ma petite calanque au bord de mer, sous le ciel bleu
Chaque dimanche, coquin de sort, on est heureux ! »

Dans ma petite calanque, chanté par Rellys, créé par Georges Sellers et Raymond Vinci.

À la vérité, les plages de la côte Bleue ne font pas partie de Marseille : la ville s'arrête au petit village de l'Estaque, là où commence la côte. Pourtant, les Marseillais fréquentent les plages de l'ouest de la ville tout autant que celles de l'est ! C'est pourquoi elles ont toutes leur place dans cet ouvrage. Située à l'ouest de Marseille, entre l'Estaque et Carro, la côte Bleue offre un front de mer rocheux entrecoupé

de calanques et de plages adossées au massif calcaire de la Nerthe (du provençal *nerto* : le myrte). Depuis ses collines couvertes de forêts de pins et de chênes kermes, les randonneurs profitent d'une nature préservée et d'un magnifique panorama sur la rade de Marseille. Ses falaises abruptes font les délices des grimpeurs, et ses nombreuses petites criques, peu fréquentées, sont très prisées des Marseillais.
Dès le début des vacances scolaires, des hordes de familles prennent le train à la gare Saint-Charles – ou à Saint-Henri, à la Blancarde, à l'Estaque, etc. – pour aller passer la journée à la plage. Aujourd'hui, beaucoup de gens préfèrent prendre leur voiture ; mais autrefois les trains étaient bondés et c'était un joyeux désordre, chacun étant chargé de glacières, de parasols, de chambres à air gonflées à éclater en guise de bouées, de chapeaux de paille, le tout dans un concert ininterrompu de chants, d'exclamations, d'engambis* vite résolus dans la bonne humeur, de pleurs de caganis*, d'odeurs de poulet et de saucisson…
Les heureux propriétaires d'un pointu* (petite barque) peuvent se rendre sur les plages par la mer. Mais pour le commun des mortels, la meilleure solution consiste à suivre à pied le chemin des Douaniers, qui longe la côte du Resquiadou jusqu'à la plage de Bonnieu. Escarpé, ce sentier de grande randonnée serpente à travers vallons et rocailles, sans toujours suivre le bord de mer.
D'autres sentiers balisés en partent, qui conduisent aux criques secrètes de la côte Bleue. Là, au détour d'un pin centenaire, on trouvera la petite plage de galets idéale, bien abritée du mistral et totalement déserte.
Les calanques de la côte Bleue, moins connues et moins étudiées que celles de l'est, recèlent tout autant de richesses végétales et animales. Des récifs artificiels ont d'ailleurs été aménagés tout le long de la côte afin de préserver l'écosystème sous-marin et de sauvegarder les espèces en voie de disparition, pour le plus grand bonheur des plongeurs.

Corbières, la Lave et le Fortin

Marseille 16e

- **Plage de la Lave :** baignade surveillée, WC, douches, consignes, buvette avec terrasse. Zone de départ de toutes les activités à partir de la base nautique municipale.
- **Plages du Fortin :** baignade surveillée, WC, douches, snack ambulant.

AUTREFOIS, UN CANAL CREUSÉ dans la montagne aboutissait dans la calanque de Corbières. Le tunnel du Rove, long de sept kilomètres, déversait ici une partie des eaux de l'étang de Berre. À l'époque, un gros bateau de transport y faisait la navette entre la rade de Marseille et les raffineries. Le tunnel s'est effondré en partie en 1963, mettant fin à son exploitation ; et aujourd'hui l'étang de Berre n'a plus qu'une seule sortie vers la mer, ce qui n'arrange rien à ses problèmes de pollution…

La jolie calanque d'origine existe toujours, avec sa plage de galets et les pins centenaires qui la bor-

dent, précieux alliés contre le cagnard. En outre, deux plages de sable ont été créées ici avec les remblais exhumés lors des travaux de creusement du métro : la Lave et le Fortin. Ces plages sont devenues le rendez-vous populaire des familles des quartiers nord. Les nuits d'été, on s'y donne rendez-vous pour de sympathiques pique-niques. C'est alors un festival d'odeurs de pizza, de sardines grillées, de safran et de paella, de raz-el-hanout et de couscous… Avec un peu de chance, on peut y assister à d'authentiques fêtes gitanes, avec musiques, chants et danses, sous la Voie lactée qui étire ses étoiles à l'infini…

Du haut des plages, on aperçoit le château Fallet qui surmonte l'Estaque. Cet ancien hôtel de luxe accueillit entre 1860 et 1920 des peintres célèbres pour distraire sa clientèle. C'est ainsi que, depuis la terrasse du château, de grands artistes ont immortalisé le panorama : Guigou, Cézanne, Monticelli, Renoir, Derain, Braque, Friesz, Dufy, Macke, Marquet… Aujourd'hui, le château est une propriété privée qui continue d'accueillir des artistes avec le soutien de l'État.

Comment y aller

Par la route, prendre l'autoroute du littoral (A55) en direction de Martigues, sortir à l'Estaque et emprunter la N568 jusqu'au village. Il y a un parking gratuit à proximité de la plage, après l'Estaque. Un petit conseil : ne pas laisser d'objets de valeur dans la voiture…
On peut aussi prendre le bus 35, sur le Vieux-Port, jusqu'à son terminus.
Des trains assurent régulièrement la liaison entre la gare Saint-Charles et l'Estaque, le premier partant vers 6 heures du matin, le dernier ramenant sur Marseille vers 20 h 30.

Le Resquiadou

Le Rove

Le Resquiadou, ce sont deux plages difficiles d'accès mais qui offrent une vue magnifique sur Marseille. Pour construire ici, il a fallu « resquiller » sur le rocher – et ça n'a certainement pas été une partie de plaisir ! Voilà probablement pourquoi la calanque se nomme le

Resquiadou. Ici, les cabanons ont été peu à peu transformés en de véritables maisonnettes, à la grande et légitime fierté de leurs propriétaires…

Un peu plus haut, le tunnel du Resquiadou fait l'objet d'une tradition : les Marseillais y klaxonnent ! Et si on demande à un klaxonneur pourquoi il klaxonne, il répond tout simplement : « Parce que, ici, on klaxonne ! » Du coup, un panneau « klaxon interdit » est fixé à l'entrée du tunnel. Il faut dire que c'est une véritable nuisance pour l'hôtel du Resquiadou tout proche. Heureusement cette pratique, qui date des années 1960, est moins courante aujourd'hui.

Comment y aller

Par la route uniquement (ou par la mer). Prendre l'autoroute du littoral (A55) en direction de Martigues et sortir à l'Estaque, puis emprunter la route du Rove (N568). Laisser la voiture près de l'ancienne gare du Rove, puis continuer à pied par le chemin des Douaniers.

L'Aiguillon

Le Rove

LA JOLIE CALANQUE DE L'AIGUILLON est une toute petite plage dominée par un rocher en forme d'aiguille, d'où son nom, et par un viaduc à trois arches. On y accède par un chemin qui part de la route du Rove. C'est une plage de galets blancs qui présente l'immense avantage d'être souvent déserte. Là, au pied du rocher de calcaire blanc tacheté de touffes de romarin, on peut tranquillement s'installer entre amis, un midi, et préparer ensemble une bonne bouillabaisse* au feu de bois en sirotant un petit blanc de Cassis bien frais…

Comment y aller

Par la route uniquement (ou par la mer). Prendre l'autoroute du littoral (A55) en direction de Martigues et sortir à l'Estaque, puis emprunter la route du Rove (N568). Laisser la voiture près de l'ancienne gare du Rove, puis continuer à pied par le chemin des Douaniers.

L'Establon

Le Rove

IL EST DIFFICILE D'ACCÉDER à la magnifique calanque de l'Establon – dite aussi calanque Bleue – depuis le chemin des Douaniers. Mais, quand on y est, quel plaisir ! Il ne faut surtout pas tenter de passer par les tunnels ferroviaires, c'est extrêmement dangereux : chaque année a son lot d'accidents…

En provençal, *l'establon* est un endroit où l'on parque des animaux. Les bergers du Rove menaient-ils ici leurs chèvres ? C'est possible, car le vallon est frais, et au fond coule une petite source. Avec le lait de chèvre, les bergers confectionnaient la fameuse brousse du Rove, un délicieux fromage qu'il faut aller goûter chez André Gouiran, le dernier fabricant du pays.

Un joli pont à trois arches domine la petite plage de galets blancs. Au milieu des rochers blancs, un ancien blockhaus évoque la mémoire d'heures plus tourmentées de notre histoire. Ici, la mer est d'un bleu turquoise si intense qu'elle appelle irrésistiblement au bain, même en hiver !

Comment y aller

Par la route uniquement (ou par la mer). Prendre l'autoroute du littoral (A55) en direction de Martigues et sortir à l'Estaque, puis emprunter la route du Rove (N568), et enfin la D5 en direction de La Vesse. Laisser la voiture au village après les pierres tombées et continuer à pied par le chemin des Douaniers.

SORMIOU

Les Pierres Tombées

Le Rove

Comment y aller
Par la route uniquement (ou par la mer). Prendre l'autoroute du littoral (A55) en direction de Martigues et sortir à l'Estaque, puis emprunter la route du Rove (N568). Là, on peut soit passer par Resquiadou et se garer près de l'ancienne gare du Rove avant de continuer à pied par le chemin des Douaniers ; soit passer par La Vesse en prenant la D5, en se garant au village après les pierres tombées et en continuant à pied par le chemin des Douaniers.

De gros blocs de roche ont glissé du haut de la falaise et se sont amoncelés au bord de la mer, créant la petite calanque des Pierres Tombées. La crique, bien protégée du mistral, est très peu fréquentée car il faut marcher un bon moment pour y accéder, soit par le Resquiadou, soit par La Vesse. Les fonds marins sont pourtant parmi les plus beaux et les plus poissonneux de la côte Bleue, avec des à-pics impressionnants…

La Vesse

Le Rove

Comment y aller

Par la route uniquement (ou par la mer). Prendre l'autoroute du littoral (A55) en direction de Martigues et sortir à l'Estaque, puis emprunter la route du Rove (N568), puis la D5 en direction de Niolon. Juste avant d'arriver à Niolon, un gros chemin carrossable à gauche mène à La Vesse (c'est indiqué), jusqu'au parking. L'accès aux voitures est interdit en été sur les deux derniers kilomètres, car la calanque est alors trop fréquentée pour que l'on puisse faire demi-tour. Heureusement, la promenade est très agréable.

La Vesse est une calanque à cabanons tout à fait typique de la région. Des cabanons en bois ont été construits petit à petit sans rien demander à dégun*, à la marseillaise. Puis, avec l'arrivée des maçons italiens, ils ont été transformés en maisonnettes. Le temps passant, ces constructions anarchiques ont fini par former un village, avec un petit restaurant. Un élégant pont ferroviaire à six arches passe au-dessus de cette calanque très fréquentée le week-end.

Un parking de bord de mer permet aux plongeurs d'apporter leur matériel au plus près, car le site se prête avant tout à la plongée. La plage en elle-même est un peu décevante sans masque et tuba, sauf si on a la chance d'assister à la prise d'un très gros poisson, comme un requin pèlerin, par les pêcheurs de La Vesse… Un chemin vers la gauche mène à la petite calanque de Figuerolles, puis, en remontant par le vallon, on rejoint La Vesse par les hauteurs.

Restaurant.

Niolon

Le Rove

NIOLON EST UN RAVISSANT PETIT PORT au charme intemporel complètement enchâssé dans les falaises. En voiture, la descente est impressionnante, sur un à-pic vertigineux. En face, Marseille… L'été on est obligé de finir à pied, car le parking prévu pour les visiteurs est si petit qu'il ne peut accueillir de nombreuses voitures. Mieux vaut donc prendre la micheline, surtout que le trajet depuis Marseille représente 20 kilomètres de petite route souvent embouteillée. Depuis Niolon, on peut rejoindre le chemin des Douaniers et la plupart des plages de la côte Bleue. On peut aussi reprendre à Niolon la micheline qui longe la

Comment y aller

En voiture, prendre l'autoroute du littoral (A55) en direction de Martigues et sortir à l'Estaque, puis emprunter la route du Rove (N568), puis la D5 en direction de Niolon.
En train, prendre à la gare Saint-Charles le petit train régional qui longe la côte Bleue et qui s'arrête à Niolon, à 500 mètres de la calanque.

NIOLON

côte jusqu'à la Redonne, et revenir à pied. La balade vaut le détour !

À Niolon même, le port abrite une minuscule plage mais on se baigne partout, au-delà du port, derrière la digue… Située face à Marseille, la calanque tourne le dos au coucher de soleil et, l'hiver, la nuit tombe très vite. Elle est en revanche abritée du mistral. De par sa situation stratégique, Niolon accueille un ancien fort militaire construit en 1860. Équipé de blockhaus et de canons de très grande portée lors de la Seconde Guerre mondiale, il permettait de contrôler toute la rade de Marseille et a été occupé par les Allemands. Aujourd'hui, un grand centre de plongée s'est installé dans la batterie basse du fort. Il faut dire que l'eau est turquoise en toute saison et que les fonds marins sont parmi les plus beaux de la côte Bleue, voire de la Méditerranée…

Restaurants, école de plongée (UCPA).

L'Érevine

Ensuès-la-Redonne

LA CALANQUE DE L'ÉREVINE (ou Élevine), toujours propre, est magnifique, mais pitchoune* ! Elle abrite sur son côté un curieux édifice en pierre abandonné. Il ne s'agit pas d'une usine de produits chimiques désaffectée, heureusement, mais d'un projet inabouti de fabrique d'éléments de construction silico-calcaires qui date des années 1910.

Depuis Méjean, le « sentier de l'Érevine » offre des vues panoramiques époustouflantes, notamment sur la ville de Marseille. Il a été aménagé par

Comment y aller

Uniquement en voiture (ou par la mer). Prendre l'autoroute du littoral (A55) en direction de Martigues et sortir à l'Estaque, puis prendre la route du Rove (N568), puis la D5 en direction d'Ensuès-la-Redonne et la D48E en direction de la Redonne. Après 3 km, prendre à gauche jusqu'à la Redonne. Là, suivre la direction Méjean en longeant la ligne de chemin de fer. Se garer au parking principal de Méjean et de là, descendre par le sentier de l'Érevine (parcours sportif), ou aller en voiture jusqu'à Ensuès-la-Redonne et prendre le sentier littoral jusqu'à la calanque. Compter une heure environ à pied depuis Méjean ou depuis Niolon par le chemin des Douaniers (voir « Comment y aller » p. 86 et 93).

le Conservatoire du littoral mais reste peu praticable par endroits. En haut de la calanque, le spectacle est grandiose : la mer dans son immensité s'offre à perte de vue, l'îlot se découpant tout près. Quant à la calanque proprement dite, avec sa plage de galets rosés, son eau turquoise et les belles couleurs jaunes, pourpre, bleues et rouges de l'ajonc de Provence, de la salsepareille, de la centranthe, de la globulaire ou lentisque, c'est tout simplement l'une des plus belles de la côte Bleue…

Le Grand Méjean et le Petit Méjean

Ensuès-la-Redonne

Méjean vient sans doute du provençal *miéjo* qui signifie le milieu, car ce petit port est situé exactement au centre de la chaîne de la Nerthe. À cet endroit, un ensemble de roches à fleur de mer appelées les Estéous brisent la houle venue du large, protégeant ainsi la calanque. De très nombreux plongeurs viennent visiter les magnifiques « tombants » juste devant le port.

D'après Gérard Chevé, ancien pêcheur reconverti en historien de la côte Bleue, une gare devait être construite à Méjean ; mais un sénateur de l'époque, qui avait là ses habitudes et ne voulait pas être ennuyé par les touristes (déjà !), aurait fait déplacer

Restaurants, terrains de boule.

Comment y aller

Uniquement en voiture (ou par la mer). Prendre l'autoroute du littoral (A55) en direction de Martigues et sortir à l'Estaque, puis emprunter la route du Rove (N568), puis la D5 en direction d'Ensuès-la-Redonne et la D48E en direction de la Redonne. Après 3 km, prendre à gauche jusqu'à la Redonne. Là, suivre la direction du Grand Méjean en longeant la ligne de chemin de fer. Arrivé au port de Méjean, remonter un peu à gauche, puis à droite au feu rouge pour arriver au parking principal. Pour se rendre au Petit Méjean, passer Méjean et continuer sur la petite route toute droite.

ladite gare à la Redonne. C'est heureux, car Méjean est aujourd'hui encore un petit port tranquille où il fait bon déjeuner au soleil en profitant de la vue sur le grand large et les îles du Frioul. Les jeunes n'hésitent pas à plonger entre les barques, pendant que les plus âgés se dorent au soleil sur les dalles plates des digues. Un pont, présence minérale rassurante, surplombe la calanque.

À gauche du port, après le boulodrome, un escalier mène au sentier des Douaniers. En contrebas, une grotte à moitié sous-marine s'ouvre sur la mer. L'été, c'est un plaisir de s'y tremper et de ressortir dans la mer : on a de l'eau jusqu'à la taille et des sensations d'aventurier !

La calanque du Petit Méjean est située un peu plus loin (c'est indiqué). À l'arrivée, un minuscule restaurant propose la pêche du jour aux touristes. La calanque n'est pas grande, mais on s'y sent véritablement au bout du monde…

B24527

Les Figuières

Ensuès-la-Redonne

Comment y aller

Uniquement en voiture (ou par la mer). Prendre l'autoroute du littoral (A55) en direction de Martigues et sortir à l'Estaque, puis emprunter la route du Rove (N568), puis la D5 en direction d'Ensuès-la-Redonne et la D48E en direction de la Redonne. Après 3 km, prendre à gauche jusqu'au port de la Redonne, puis emprunter la petite route qui mène aux Figuières et à Méjean.

On ne sait pas exactement d'où vient le nom de Figuières, mais il est possible que des figuiers aient poussé autrefois dans la calanque car l'eau y est abondante. Ici, on se baigne en toute tranquillité dans une mer limpide depuis une petite plage de galets gris, et on peut observer de nombreux fossiles sur les rochers. Très agréable, la crique est toutefois peu abritée du vent du sud-ouest, le labé, qui engendre des tempêtes une ou deux fois par an, souvent à l'équinoxe d'automne.

Les Athénors

Ensuès-la-Redonne

LA SURPRENANTE CALANQUE des Athénors a deux visages. En venant de la Redonne par le sentier qui longe la voie ferrée, elle offre un aspect doux et calme. Mais passé cette première plage de gros galets ronds, on arrive dans une crique d'aspect chaotique composée de roches et de pierres tombées de la falaise à pic qui la surmonte. Ce paysage de fin du monde est saisissant par temps de mistral – mais gare aux chutes de pierres ! On peut aussi se rendre aux Athénors en remontant par Figuières entre des roches monumentales veinées de gris et d'ocre où l'on distingue parfois des fossiles marins.

Comment y aller

En voiture, prendre l'autoroute du littoral (A55) en direction de Martigues et sortir à l'Estaque, puis emprunter la route du Rove (N568), puis la D5 en direction d'Ensuès-la-Redonne et la D48E en direction de la Redonne. Après 3 km, prendre à gauche jusqu'au port de la Redonne. On peut passer soit par Figuières (voir p. 97), en stationnant en haut de la première côte et en descendant le chemin des Athénors, soit par la Redonne (voir p. 102), en descendant à pied par le sentier goudronné du bout du port (compter 10 minutes à pied).
En train, prendre à la gare Saint-Charles le petit train régional qui longe la côte Bleue et qui s'arrête à la Redonne.

La Redonne

Ensuès-la-Redonne

« Bien que je n'aie pas travaillé, je n'ai jamais été aussi heureux qu'à la Redonne. »

Blaise Cendrars, *L'Homme foudroyé*, Denoël, 1945

LA TRÈS JOLIE CALANQUE de la Redonne est desservie depuis Marseille par la micheline qui longe la côte Bleue. Tout à côté du petit port accroché à la roche, deux plages biscornues bordent les belles falaises ocre. C'est un des endroits de la côte les plus abrités par temps de mistral. La vue sur Marseille est splendide et l'eau limpide, avec de nombreux bancs de poissons – mais attention aux oursins et aux coquillages tranchants ! Au bout de la calanque, à l'endroit où le sable et les rochers cèdent la place aux galets, le naturisme est toléré.

Comment y aller

En voiture, prendre l'autoroute du littoral (A55) en direction de Martigues et sortir à l'Estaque, puis emprunter la route du Rove (N568), puis la D5 en direction d'Ensuès-la-Redonne et la D48E en direction de la Redonne. Après 3 km, prendre à gauche jusqu'au port de la Redonne. En train, prendre à la gare Saint-Charles le petit train régional qui longe la côte Bleue et qui s'arrête à la Redonne.

Les Eaux-Salées

Carry-le-Rouet

AU-DESSUS DE LA POINTE DES FÈVES, juste à côté de la calanque des Eaux-Salées, on peut voir une maison au toit de tuiles rouges. C'est ici que Blaise Cendrars passa plusieurs mois et écrivit *L'Homme foudroyé*. La calanque porte le nom de la source d'eau saumâtre qui coule à l'est de la plage du Rouet, dont la salinité provient d'infiltrations profondes d'eau de mer. Depuis 1914, un viaduc à arche unique enjambe soigneusement cette source

Comment y aller

Uniquement en voiture (ou par la mer). Prendre l'autoroute du littoral (A55) en direction de Martigues et sortir à l'Estaque, puis emprunter la route du Rove (N568), puis la D5 en direction d'Ensuès-la-Redonne. Après le village, prendre tout de suite à gauche en direction de Carry-le-Rouet. Se garer au niveau de la plage du Rouet.

On peut aussi y aller à pied depuis le port du Rouet (voir « Comment y aller » p. 106) : c'est une belle promenade qui prend un peu moins d'une heure en flânant. Le sentier domine la baie de Marseille et les falaises ocre se jettent dans l'eau turquoise, transparente...

très alcaline qui aurait pu ronger les fondations des piles. Ce viaduc, large de plus de 50 mètres, est un chef-d'œuvre spectaculaire que l'on doit à l'ingénieur Paul Séjourné.

Accessible par un ancien sentier muletier désormais bien aménagé où l'on domine la baie de Marseille, la calanque est assez fréquentée l'été venu. C'est une plage de gros galets enchâssée dans des falaises ocre, très agréable pour se baigner : quelques rochers à fleur d'eau permettent de beaux plongeons et l'eau est limpide – sauf à l'endroit où sort une autre source, à une dizaine de mètres de profondeur sous la mer. En face, un groupe de rochers émerge de l'eau ; c'est le Grand Mornas.

Le Rouet

Carry-le-Rouet

EN ARRIVANT AU ROUET en voiture, après une succession de virages serrés, on tombe sur un parking immense, déroutant, en un mot désagréable… Il ne faut pas s'arrêter à cette première impression, car la rade abritant la plage de galets est vraiment jolie. De plus, en été, il est bien pratique de trouver facilement une place pour se garer. Enfin, le Rouet est l'une des seules plages du littoral qui soit surveillée, avec des douches, des pédalos et un restaurant. Des deux côtés de la crique, des rochers plats incitent au bain de soleil… Derrière, dans les grottes qui la surplombent, on a retrouvé un site préhistorique datant du Néolithique.

Comment y aller

Uniquement en voiture (ou par la mer). Prendre l'autoroute du littoral (A55) en direction de Martigues et sortir à l'Estaque, puis emprunter la route du Rove (N568), puis la D5 en direction d'Ensuès-la-Redonne. Après le village, prendre tout de suite à gauche en direction de Carry-le-Rouet. Le parking est la première chose que l'on voit en arrivant !

Baignade surveillée, WC, douches, location de pédalos, restaurant.

De Carry-le-Rouet à Sausset-les-Pins

Comment y aller

En voiture, prendre l'autoroute du littoral (A55) en direction de Martigues et sortir à Carry-le-Rouet. Pour aller à Sausset-les-Pins, emprunter la voie rapide (D9) et sortir à La Couronne, puis suivre la D5 jusqu'à Sausset. Après la descente, prendre sur la gauche, passer le port et le centre et prendre à droite au feu. Se garer sur les emplacements prévus face à la mer. En train, on peut se rendre à Carry-le-Rouet depuis la gare Saint-Charles.

AVEC LE TEMPS, LES VILLAGES de Carry-le-Rouet et de Sausset-les-Pins se sont rejoints pour former une petite agglomération. Le sentier des Douaniers a été aménagé en une jolie promenade qui longe le bord de mer. De nombreux criques, rochers ou places cimentées incitent le promeneur à s'y installer pour se baigner. Certaines sont naturistes.

Carry-le-Rouet viendrait de « carrière du roi », car, autrefois, on y exploitait de la pierre qui aurait servi à la construction d'une partie du jardin des Tuileries à Paris. La statue en bronze de son plus célèbre citoyen, Fernandel, contemple pour l'éternité le bleu immaculé de la mer et du ciel… En février le village se réveille lors des « Oursinades de Carry » : les trois premiers dimanches du mois font l'objet d'une grande dégustation d'oursins et de coquillages dans le port. Dès le petit matin, les pêcheurs d'oursins se préparent et plongent partout dans les calanques à la recherche des « châtaignes de mer ». C'est un vrai régal de prélever délicatement les darnes multicolores, installé au soleil d'hiver : chaque oursin est de couleur et de goût différents… En juillet et août, trois matinées par semaine, des animateurs de l'Observatoire du parc marin font gratuitement découvrir la faune et la flore des petits fonds côtiers le long d'un sentier sous-marin à partir de la plage du Cap-Rousset. Il suffit d'apporter masque, palmes

- **Carry-le-Rouet** : club de plongée, restaurants.
- **Sausset-les-Pins** : aménagements pour handicapés, restaurants.

et tuba. Carry possède également un casino depuis les années 1960.

Sausset-les-Pins, dominé par le château de la famille Charles-Roux, est plein de charme avec son port en forme de haricot et son ambiance conviviale. Aujourd'hui, c'est devenu un gros village de villégiature, mais il fait toujours bon y vivre toute l'année. On est réveillé par les gabians* qui suivent les pointus* au retour de la pêche. Ils rapportent dans leurs filets les girelles*, pageots*, loups*, dorades et rascasses pour la bouillabaisse* que l'on fera à midi… À partir de 9 h 30, les pêcheurs attendent les visiteurs dans leurs baraques ; on peut leur acheter des oursins jusqu'au 16 avril. Sur les plages artificielles de Sausset-Ville, la commune propose gratuitement deux fauteuils flottants, l'un adapté aux paraplégiques, l'autre aux tétraplégiques. L'accès à la mer est facilité par un tapis en plastique sur le sable, et un employé de la commune est chargé d'accompagner les handicapés désireux de profiter de ces équipements.

Les Tamaris

La Couronne

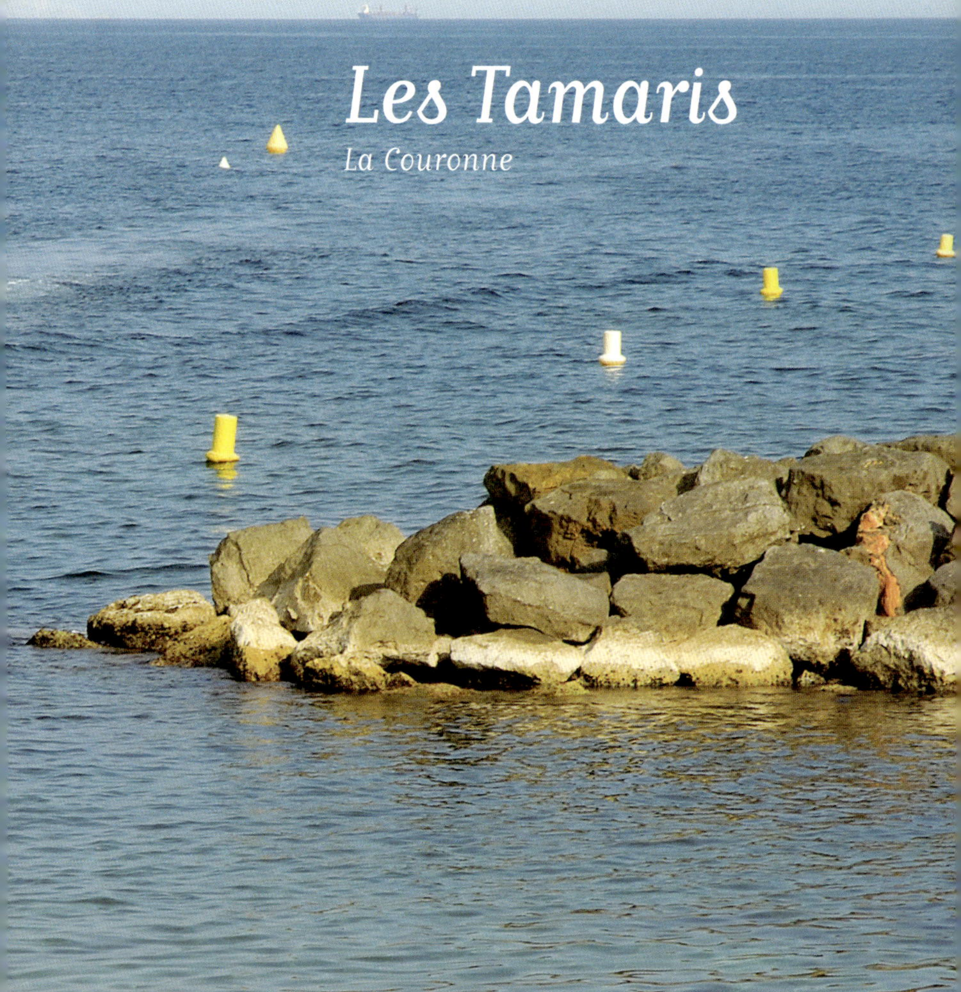

Comment y aller

Uniquement en voiture (ou par la mer). Prendre l'autoroute du littoral (A55) en direction de Martigues et sortir à Carry/Sausset. Emprunter la voie rapide (D9) et sortir à La Couronne, puis suivre la D49 en direction de La Couronne. Passer la voie ferrée.
Au rond-point, prendre à gauche en direction de Sausset-les-Pins. Suivre alors la petite route qui serpente au bord de la mer et dans les pinèdes jusqu'aux Tamaris.

LA MAIRIE DE MARTIGUES a autorisé l'usage du jet-ski à partir de la plage des Tamaris – un sport qui fait les délices de certains, mais qui pour d'autres représente une pollution sonore insupportable ! On peut évidemment se baigner dans la calanque, hors du balisage, ou plonger depuis les pontons déserts du port. Le chemin côtier (GR51), sur la gauche, traverse un site archéologique du VIe siècle avant notre ère encore en étude.

Zone de départ d'activités nautiques.

La Saulce et Sainte-Croix

Sainte-Croix

LA SAULCE VIENDRAIT du provençal *sau* qui désigne le sel. Une source d'eau salée, très connue des anciens bergers car leurs moutons refusaient de s'y abreuver, coule en effet dans la calanque. On a découvert en ce lieu des vestiges romains. C'est là aussi qu'en 1832 la duchesse du Berry débarqua pour soulever Marseille contre Louis-Philippe et faire proclamer son fils, le comte de Chambord, roi de France – mais son projet avorta.

Baignade surveillée, poste de secours, douches, snacks, restaurants.

La chapelle de Sainte-Croix, lieu de pèlerinage qui accueillit la duchesse du Berry à la même époque, surplombe toujours les calanques.

Aujourd'hui, La Saulce et Sainte-Croix sont deux plages de sable fin bordées d'eaux émeraude très populaires : parkings jusqu'au bord de l'eau, douches, maîtres nageurs, pente douce qui permet aux enfants en bas âge de se baigner en toute sécurité… De nombreux campings proposent tous les types d'accueil, de la tente au petit bungalow, et on trouve ici tous les commerces de bord de plage : snacks, restaurants, épiceries, vente de ballons, d'huile solaire, de seaux, de pelles, de rateaux, etc.

Comment y aller

En voiture, prendre l'autoroute du littoral (A55) en direction de Martigues et sortir à Carry/Sausset. Emprunter la voie rapide (D9) et sortir à La Couronne, puis suivre la D49 en direction de La Couronne. Passer la voie ferrée. Au rond-point, prendre à gauche en direction de Sausset-les-Pins, puis à droite en direction de Sainte-Croix. Se garer dans les parkings de Sainte-Croix. En train, on peut se rendre à La Couronne depuis la gare Saint-Charles. Continuer à pied vers la gauche après la gare.

Couronne-Vieille

Martigues

LA CALANQUE DE COURONNE-VIEILLE est constituée de deux jolies plages de sable et d'une petite crique de rochers. On a retrouvé les traces de la présence d'une tribu celto-ligure, les Avaticis, au-dessus du village, après le phare rouge et blanc. Et on peut encore voir les profondes ornières creusées par les roues des carrioles romaines qui emportaient au loin les blocs de calcaire de l'ancienne carrière d'Auphans. Aujourd'hui, en se baignant dans ces lieux chargés d'histoire, on ressent avec émotion le poids du temps passé. Et la belle pierre rose et blonde qui habille les monuments et maisons anciennes de Marseille est toujours là ! On peut s'adonner à la plongée du côté ouest de l'anse, moins fréquentée et donc à bonne visibilité sous-marine.

Comment y aller

En voiture, prendre l'autoroute du littoral (A55) en direction de Martigues et sortir à Carry/Sausset. Emprunter la voie rapide (D9) et sortir à La Couronne, puis suivre la D49 en direction de La Couronne. Descendre vers le phare et se garer sur le parking au pied du phare du cap Couronne. En train, on peut se rendre à La Couronne depuis la gare Saint-Charles.

Le Verdon

Martigues

Comment y aller

En voiture, prendre l'autoroute du littoral (A55) en direction de Martigues et sortir à Carry/Sausset. Emprunter la voie rapide (D9) et sortir à La Couronne, puis suivre la D49 en direction de La Couronne. Descendre à droite du village vers Carro, et se garer sur le parking de la plage.
En train, on peut se rendre à La Couronne depuis la gare Saint-Charles. Descendre la grande côte à droite du village jusqu'à l'immense plage, que l'on voit d'en haut.

LA PLAGE DU VERDON, du nom d'un cours d'eau qui y débouchait avant qu'il ne soit recouvert dans sa quasi-totalité par un parking, est abritée dans une magnifique anse concave qui protège parfaitement les baigneurs du mistral. C'est le royaume du bain de soleil, de l'ambre solaire et des chichis-frigis*. La plage – également appelée la Couronne – est facile d'accès, surveillée, nettoyée, il y a de l'eau douce pour se rincer, des snacks, des restaurants, des terrains de volley-ball, des locations de parasols et même de pédalos, c'est dire ! Pourtant elle n'est pas trop fréquentée. Tous les Marseillais y sont allés en famille un jour où l'autre. Autrefois, on dansait l'après-midi au grand bar de la plage au son de l'accordéon ou de Johnny Halliday ! La calanque est encore bordée à gauche et à droite par des cabanons traditionnels, alors qu'ils tendent à disparaître ailleurs jour après jour pour être remplacés par de fausses villas provençales au goût discutable. Les heureux cabanonniers* s'y rendent en bateau.

Baignade surveillée, WC, douches, consignes, jeux pour enfants, terrains de volley, location de parasols et de pédalos, restaurants.

Carro

Martigues

LE JOLI PORT DE CARRO a longtemps été un haut lieu de la pêche au thon. Aujourd'hui encore, un sympathique marché aux poissons se tient le matin, pas trop tard pour que le poisson soit bien frais. Bavards et accueillants, les pêcheurs expliquent volontiers aux passants comment, en mer, on « tire la première barcade » et on « cale la seconde » pour récolter les poissons tout en en piégeant d'autres dans les mailles des filets. Quand ils ne travaillent pas en mer, ils sont aux quais pour entretenir le matériel. Les cabanons n'ont pas changé avec le temps et le village dégage une atmosphère sereine. Qui n'a pas rêvé un jour d'avoir un cabanon ici ?

Les véliplanchistes du monde entier viennent à Carro profiter du vent, qui souffle avec force. En toute saison, les camionnettes spécialisées se garent face au vent le long de la rive. En revanche, juste avant d'entrer à Carro, une minuscule plage est abritée du mistral (certains pêcheurs l'appellent plage du Verdon, mais sur les cartes celle-ci est la même que la grande plage de la Couronne)… Cette très jolie plage est encastrée dans les blocs de calcaire d'une ancienne carrière. Sur la droite, un figuier a poussé au-dessus d'une source d'eau potable.

Baignade surveillée, douches, WC, zone de départ d'activités nautiques.

Comment y aller

En voiture, prendre l'autoroute du littoral (A55) en direction de Martigues et sortir à Carry/Sausset. Emprunter la voie rapide (D9) et sortir à La Couronne, puis suivre la D49 vers La Couronne. Descendre à droite du village, en direction de Carro, et se garer au pied de la plage.
En train, on peut se rendre à La Couronne depuis la gare Saint-Charles. Terminer à pied en direction de Carro (compter une demi-heure depuis la gare).

Les Arnettes

Martigues

Comment y aller

En voiture, prendre l'autoroute du littoral (A55) en direction de Martigues et sortir à Carry/Sausset. Emprunter la voie rapide (D9) et sortir à La Couronne, puis suivre la D49 en direction de La Couronne. Descendre vers Carro, entrer dans le village et se garer sur le parking devant la mer. Terminer à pied sur le chemin qui longe la mer vers l'ouest (environ 15 minutes).
En train, on peut se rendre à La Couronne depuis la gare Saint-Charles. Marcher ensuite jusqu'à Carro et continuer sur le chemin qui longe la mer vers l'ouest (compter 45 minutes depuis la gare).

Zone de départ d'activités nautiques.

LA CALANQUE DES ARNETTES a la particularité d'être plate. C'est rare, sur la côte Bleue ! Et elle est très belle. Comme elle est exposée au vent, les amateurs de planche à voile et de surf y viennent souvent. C'est également un lieu de pêche et un spot exceptionnel de plongée sous-marine. Autrefois, on y assistait à des seinches* au thon, mais ce type de pêche a quasiment disparu. Les pescadous* entouraient le banc de poissons et sortaient les thons avec des harpons. La mer devenait rouge sang, c'était terrible !

Dans ce secteur, il existe une petite crique sans nom, perdue, où le bateau ne rentre pas à cause du manque de fonds. C'est un petit coin de paradis où l'on peut avoir la chance de suivre des yeux les majestueuses évolutions d'une raie, ou tout simplement dénicher un poupre (poulpe), un chambri (cigale de mer) ou une rascasse pour améliorer la soupe du soir…

Bonnieu

Martigues

La côte déchiquetée de la plaine sablonneuse de Bonnieu paraît oubliée de Dieu et des hommes… C'est un long paysage rocheux, lunaire, qui s'enfuit à perte de vue vers la désertique pointe de Bonnieu en dessinant des milliers d'arabesques… Autrefois, la calanque abritait des cabanons dans lesquels le temps était rythmé par les choses simples de la vie : la pêche aux oursins et aux moules-dattes*, l'apéritif, les risades*, le repas, la sieste sous le chant infernal des cigales, et puis le bain, la partie de pétanque, et de nouveau l'apéritif… Quelquefois, le feu prenait dans la pinède, et les cabanonniers* rentraient noircis et épuisés du combat contre les flammes…

Comment y aller

En voiture, prendre l'autoroute du littoral (A55) en direction de Martigues et sortir à Martigues-Lavéra. Suivre ensuite la direction de la centrale EDF de Ponteau. La plage est indiquée. Grand parking à proximité.

WC, buvette, restaurant.

Aujourd'hui, les cabanons n'existent plus, et une immense usine électrique occulte l'ouest de l'horizon… Bonnieu offre tout de même trois jolies plages, avec un camp de naturistes à l'extrémité de la pointe. Cette plaine sablonneuse littorale abrite de nombreuses espèces végétales protégées.

Les Laurons et Ponteau

Martigues

À LA PLAGE DES LAURONS, le sable se mêle au varech… Un peu plus loin, à côté des pointus* du joli petit port de pêche de Ponteau, on peut se baigner sur une autre plage de sable blond. Vu depuis les Laurons par temps de pluie – ce qui est rare ! –, le port prend un aspect mélancolique qui rappelle la Bretagne. Il a été fondé par les Romains, et le quai qu'ils avaient construit affleure toujours. En arrivant, juste avant le restaurant-pizzeria qui est construit sur l'eau, on peut également voir les fondations d'une église romaine. D'ailleurs le site de Ponteau est habité depuis le Néolithique, comme en témoignent les fouilles archéologiques en cours près de la gare.

La plage des Laurons a été aménagée, avec douches, jeux pour enfants, maîtres nageurs… Hélas, une centrale thermique s'est implantée là et ses cheminées défigurent le joli paysage. Il reste les fonds marins, avec leurs loups* et leurs poissons argentés, qui sont magnifiques du port de Ponteau jusqu'à Bonnieu.

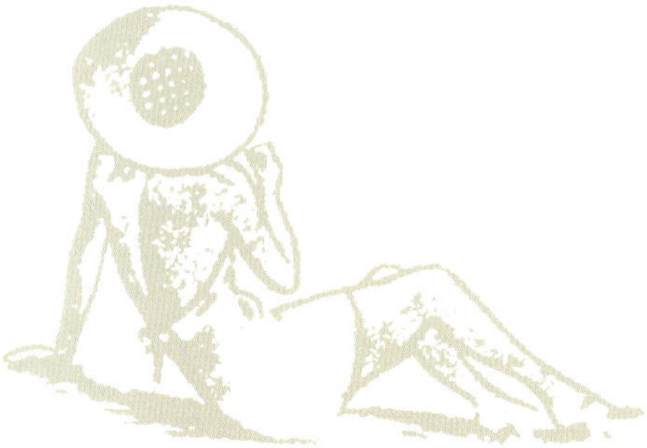

Comment y aller

En voiture, prendre l'autoroute du littoral (A55) en direction de Martigues et sortir à Martigues-Lavéra. Suivre ensuite la direction de la centrale EDF de Ponteau. C'est un tout petit peu plus loin sur la route après la centrale.

Baignade surveillée, poste de secours, douches, jeux pour enfants, restaurant.

Le massif des Calanques

Calanque vient du provençal *calenc*, escarpé. Le nom s'applique en Corse comme en Provence aux baies découpées quelquefois très profondément dans la roche. À Marseille, quand on parle de « calanque », on se réfère au massif des Calanques, avec ses criques qui s'étendent de Callelongue au village de Cassis. C'est le maquis de Marseille et, pendant la dernière guerre, c'est bien sûr dans les calanques que s'est organisée la Résistance...

Les calanques marseillaises sont composées de calcaire urgonien, une roche sédimentaire très dure qui émergea des eaux il y a des centaines de millions d'années et fut peu à peu érodée par la mer et les orages. D'une blancheur éblouissante, les calanques sont des joyaux sertis dans les eaux émeraude de la Méditerranée. La côte, grossièrement

échancrée, paraît brûlée par le soleil qui plombe*, et ces paysages magnifiques restent à jamais gravés dans le cœur…

Les calanques furent habitées dès l'apparition de l'homme sur Terre, comme en témoignent les recherches du préhistorien Jacques Boucher de Crèvecœur de Perthes : en 1805, dans la grotte Rolland (du nom d'un bandit de grand chemin), il découvrit des ossements humains et des poteries remontant à la fin du néolitique. Plus récemment, en 1991, Henri Cosquer découvrit dans la grotte qui porte aujourd'hui son nom des dessins rupestres datant de la dernière glaciation.

La meilleure des façons de se rendre dans les calanques – en dehors bien sûr du bateau –, c'est à pied, en suivant les chemins balisés et en s'aidant de cartes précises comme l'IGN n° 269, au 1/15 000. On peut y accéder depuis Cassis, à partir du col de la Gineste (train depuis Saint-Charles ou bus depuis la gare routière juste à côté), ou depuis Marseille, par les Goudes ou Callelongue (métro Castellane puis bus 19 et 20), ou par la Cayolle (métro Castellane puis bus 21 et 23) ou encore par le domaine de Luminy (métro Castellane puis bus 21).

Il est indispensable de bien se chausser et d'emporter de l'eau, un chapeau et de la crème solaire. Certains endroits sont interdits l'été en raison des risques d'incendies. Il ne faut bien sûr rien jeter, ne pas faire de feu, ne pas cueillir les fleurs rencontrées – qui sont peut-être d'une espèce protégée –, ne pas camper en dehors des sites prévus à cet effet, ne pas quitter les sentiers balisés, ne pas partir seul…

Les calanques souffrent des conséquences du tourisme depuis le milieu des années 1980. Aujourd'hui, elles reçoivent la visite de 10 000 personnes par an (dont 63 % de Marseillais) et les navettes depuis Cassis promènent jusqu'à 1 400 passagers chaque année. Les principales nuisances qui afflectent les calanques sont la pollution pour 65 %, et la surfréquentation pour 35 %. Il a bien fallu réglementer les choses pour préserver la faune, la flore et la sécurité des promeneurs. Et tant pis pour les vrais amoureux de ces coins de liberté qui ont été obligés, eux aussi, de ne plus circuler comme avant. Comme disait le capoulié du Félibrige* Valère Bernard : « *Pauro calanco souleiouso ! es fini ! noun veiras plus li calignaire, l'aura plus de canson !* » ; « Pauvre calanque ensoleillée, c'est fini, tu ne verras plus les amoureux, tu n'entendras plus de chanson ! »

Malgré tout, aujourd'hui encore il souffle un air de liberté dans les calanques, et l'on se sent en synergie avec la nature vierge. Jadis elles étaient recouvertes de chênes verts, comme toutes les collines des environs de Marseille, ainsi que de chèvrefeuille, de clématites et de smilax. De nos jours, une quinzaine d'orchidées sauvages poussent çà et là, ainsi que la sabline de Provence (*Gouffeia arenarioides* ou *Arenaria provincialis*), une espèce protégée aux jolies fleurs blanches, et le petit ail doré (*Allium chamaemoly*) aux longues feuilles lancéolées.

On y trouve aussi l'astragale de Marseille (*Astragalus massiliensis*), la centaurée fausse-chicorée (*Centaurea intybacea*), l'hélianthème à feuilles de lavande (*Helianthemum lavandulæfolium*), le jasione glutineux (*Jasiona glutinosa*), le lavatère maritime (*Lavatera maritima*), le myrte (*Myrtus communis*), le plantain à feuilles d'alène (*Plantago subulata*), le polygata des rochers (*Polygala rupestris*), la rose sauvage (*Rosa spinosissima*), le silène (*Silene sedoides*), la passerine (*Thymelæa tartonraira*), ou des fougères extrêmement rares comme *Asplenium petrarchae* et *Asplenium sagittatum*.

En tout, les calanques abritent quarante espèces végétales classées rares et trente espèces protégées.

La plupart fleurissent en mars-avril, certaines également au début de l'hiver.

Le site du Mont-Rose, dans le 8e arrondissement, fait partie du massif des Calanques.

Il abrite une flore protégée, une faune très rare avec des espèces en voie de disparition, un habitat préhistorique avec la grotte Cosquer (voir p. 132-133) et un certain nombre d'épaves de l'époque gallo-romaine. Il s'étend sur une étroite bande côtière de 20 km de long.

Depuis 2012, le massif des calanques et la zone maritime qui l'entoure constituent le dixième parc national de France. Le cœur du parc s'étend sur trois communes :

Marseille, Cassis et La Ciotat.

Plus de renseignements sur calanques-parcnational.fr

La Mounine

Marseille 8e

MOUNINE VIENT DU PROVENÇAL *mounino*, qui signifie singe, mais désigne aussi, en langage populaire, le sexe de la femme. La forme de la calanque peut en effet évoquer les attributs féminins. La Mounine abrite une minuscule plage de galets blancs où l'on est protégé du vent… La promenade à pied pour y parvenir depuis Callelongue est superbe, et l'arrivée étonnante ! La roche a été si creusée que

la Mounine ressemble à un canal. C'est la première calanque après la route, elle est donc relativement fréquentée. Mais en dehors des périodes de vacances scolaires, on peut avoir la chance d'y être seul au monde et d'entrer en communion avec les éléments…

Comment y aller

Depuis Callelongue (voir « Comment y aller » p. 68), contourner la plage et prendre le chemin qui grimpe légèrement. Le sentier, qui est balisé (GR98), surplombe la mer tout du long. Il faut environ 35 minutes pour arriver à la Mounine.

Pour les sportifs, on peut également passer par le parc Pastré (via le bus 19), un immense parc public qui peut être le départ de belles balades (1 h 30 de promenade au minimum). Attention, cet itinéraire est réglementé du 1er juillet au deuxième samedi de septembre inclus, ainsi que par grand vent (80 km/h). En haut de la maison des gardes, prendre à droite jusqu'au panneau de pique-nique (balisage jaune). Quitter le canal en empruntant le chemin en terre de gauche. Dans le sous-bois, passer le vallon encaissé. Se diriger vers le sud-ouest en direction du sommet de Marseilleveyre (le balisage jaune rencontre le rouge). Poursuivre vers le sud et prendre à gauche en face des îles Jaïre et Riou. Descendre par le vallon boisé du Malvallon, et laisser le balisage jaune pour suivre le vert en direction de la calanque de Marseilleveyre. Ensuite, suivre le sentier des Douaniers pour rejoindre la calanque de la Mounine.

Marseilleveyre

Marseille 8e

« Sémaphore tout blanc, semblable à un albatros aux ailes repliées
Et qui domine toute la côte marmoréenne »

André Bouyala d'Arnaud, *Évocation du vieux Marseille*, éditions de Minuit, 1959

VEYRE VIENDRAIT de *viehl*, la vigie. Marseilleveyre (ou Marseille-Veyre) serait donc le phare de Marseille – et de fait le massif, qui culmine à 432 mètres, domine toute la ville ! Au sommet se trouve d'ailleurs une vieille bâtisse en ruine, une vigie construite à la fin du XIIe siècle pour prévenir les invasions barbaresques. Si on est venu à pied depuis le parking de Callelongue, en empruntant l'avenue des Pébrons* et en grimpant jusqu'en haut, on est récompensé par une vue panoramique de Marseille à couper le souffle. L'idéal, c'est de s'y trouver le matin au lever du soleil : inoubliable !

On prétend que Marseilleveyre aurait été une ville bien avant Massalia et que c'est ici que Gyptis, la Ligure, aurait épousé Protis, le Grec – l'union de ces deux personnages ayant donné naissance à Marseille en 600 av. J.-C. !… Une autre légende raconte qu'un pêcheur échoua un jour sur cette calanque. Il tenait à la main la rame qui lui avait sauvé la vie… et décida de trouver un endroit où l'on ne connaissait pas la mer pour y ériger une croix. Il passa dans les villages, demandant aux paysans s'ils savaient à quoi servait le bout de bois qu'il portait sur son dos ; les gens riaient et lui répondaient qu'il tournait le dos à la mer. Mais un jour, un homme lui répondit qu'il en ignorait l'usage. Alors le pêcheur, ravi, décida de planter sa rame – et l'on dit que c'est ainsi que fut construite la croix de la Sainte-Victoire ! Une chose est sûre : c'est bien ici que furent débarquées clandestinement les marchandises du *Grand-Saint-Antoine*, qui apporta en 1832 à Marseille le choléra qui tua la moitié des habitants de la ville…

La calanque, avec sa grande plage de petits galets et de sable, est malheureusement enlaidie par des vestiges de batteries militaires et d'anciennes carrières de sable. Mais l'eau est si transparente qu'on ne peut résister à la tentation de s'y baigner, dans un calme enchanteur. En face, les îles de Jarre et de Riou… On a l'impression d'être en Grèce ! Rien n'a changé depuis les années 1960 et même depuis la dernière guerre. Parmi les quelques cabanons, un restaurant ouvert toute l'année propose de délicieuses côtelettes de porc-salade verte. Pas d'eau courante ni de WC, mais un petit coin de paradis…

Restaurant.

Comment y aller

Depuis Callelongue (voir « Comment y aller » p. 68), contourner la plage et prendre le chemin qui grimpe légèrement. Le sentier, qui est balisé (GR98), surplombe la mer tout du long. Il faut environ 45 minutes pour arriver à Marseilleveyre.
Pour les sportifs, on peut également passer par le parc Pastré (via le bus 19), un immense parc public qui peut être le départ de belles balades (1 h 30 de promenade au minimum). Attention, cet itinéraire est réglementé du 1er juillet au deuxième samedi de septembre inclus, ainsi que par grand vent (80 km/h). En haut de la maison des gardes, prendre à droite jusqu'au panneau de pique-nique (balisage jaune). Quitter le canal en empruntant le chemin en terre de gauche. Dans le sous-bois, passer le vallon encaissé. Se diriger vers le sud-ouest en direction du sommet de Marseilleveyre (le balisage jaune rencontre le rouge). Poursuivre vers le sud et prendre à gauche en face des îles Jaïre et Riou. Descendre par le vallon boisé du Malvallon, et laisser le balisage jaune pour suivre le vert en direction de la calanque de Marseilleveyre.

Les Queyrons, Podestat, l'Escu et Cortiou

Marseille 8e

APRÈS MARSEILLEVEYRE, la côte est ornée de quatre petites calanques que l'on peut découvrir en suivant le chemin de bord de mer. Mais il est déconseillé de se baigner dans le secteur et surtout à Cortiou, car c'est là que se jettent les égouts de Marseille…

Les Queyrons (ou Cairons). La calanque est ainsi nommée à cause des gros blocs de roche qui sont partout présents, éboulés dans la crique et dans la mer. Elle abrite une petite plage de galets et des pierres plates sur lesquelles on peut s'installer. Elle est appréciée des nageurs, des plongeurs et surtout des pique-niqueurs, car les buissons qui la surmontent procurent un peu d'ombre.

Podestat. Face à l'archipel de Riou, la vaste calanque de Podestat est bien protégée, avec une petite plage de galets. Un bar-restaurant y resta ouvert jusqu'en 1964. Aujourd'hui, deux bâtisses en ruine et quelques treuils rouillés témoignent d'un passé sur lequel toute la lumière n'a pas été faite. La Direction de l'écologie et des espaces verts a d'ailleurs décidé de les raser, en accord avec EDF qui en est propriétaire. Sauvage, isolée, sans ressource, Podestat est difficile d'accès par la terre. Elle est dominée par les « têtes de Malvallon », qui culminent à plus de 300 mètres. Quel merveilleux refuge pour échapper aux regards des hommes ! De la plage on voit arriver les bateaux et, si on n'a pas

Comment y aller

Depuis Callelongue (voir « Comment y aller » p. 68), contourner la plage et prendre le chemin qui grimpe légèrement. Le sentier, qui est balisé (GR98), surplombe la mer tout du long. Il faut environ 1 h 30 pour arriver à ces calanques qui se succèdent.

Calanque de Podestat.

Calanque de l'Escu.

la conscience tranquille, il est facile de grimper sur les hauteurs ! Dans les années 1947-1948, juste après la guerre, les excursionnistes s'y donnaient rendez-vous pour y passer des journées exceptionnelles dans la joie de la liberté retrouvée.

L'Escu. Son nom viendrait d'*escoube*, le filet de pêche en provençal, ou bien de *scutum* ou *scutellum*, le bouclier en latin. Invisible d'en haut, cette très jolie calanque est bien abritée du mistral et du soleil : la mer a rongé le bas de la falaise, formant une sorte de grotte dans laquelle se love la calanque. Mais ici l'eau est froide et il est dangereux de se baigner car

le ressac est violent. Dans la calanque, une mystérieuse citerne en pierre recueillait de l'eau douce par une longue canalisation en terre cuite descendant de la falaise ; « l'aigade de l'Escu » aurait été construite au XVIIe siècle par des corsaires barbaresques qui repliaient leurs embarcations légères à l'abri des inquiétants récifs de la calanque…

Cortiou. C'est exactement ici que débouche le grand collecteur des égouts de Marseille, construit sous Napoléon III avec le sable des carrières de Marseilleveyre (voir p. 139). Inutile de dire qu'il ne vaut mieux pas s'y baigner !

Sormiou

Marseille 8e

LE NOM DE SORMIOU vient du provençal *sor*, le troupeau, et *miou*, le mulet. En effet, jusqu'à la dernière guerre le ravitaillement de la calanque était assuré par des ânes parfaitement dressés qui s'y rendaient tout seuls. Une fois chargés, leurs maîtres leur donnaient une claque sur la croupe et ils partaient vaillamment sur le sentier de montagne porter leurs paquets jusqu'à Sormiou.

Cette grande calanque est si belle qu'on l'appelle aussi le joyau d'Amphitrite (femme de Poséidon, dieu de la Mer) ou d'Aphrodite (déesse de l'Amour). Ses eaux sont vert émeraude en raison des herbes sous-marines qui la colonisent, les posidonies*. Sormiou fait 850 mètres de long sur 500 de large et se termine par une belle plage de sable fin bordée de cabanons – dont celui du maire Jean-Claude Gaudin. Il y a un téléphone public près de la maison du gardien ainsi que, plus haut, un restaurant. Sur la droite, un sentier mène au cap Sormiou, très apprécié des passionnés d'escalade. À gauche, la calanque abrite un petit port caché dans

Baignade surveillée, restaurant gastronomique, zone de départ d'activités nautiques.

Comment y aller

Prendre le métro de la station « Vieux-Port » jusqu'à « Rond-Point du Prado », puis, avec le même ticket, le bus 23 jusqu'à «La Cayolle». Continuer à pied jusqu'à Sormiou, c'est indiqué (compter 45 minutes depuis la Cayolle).
L'accès aux voitures est interdit de la mi-juin à la mi-septembre. Hors saison, péage d'environ 4 € pour le parking dans la calanque.

un havre de verdure derrière lequel se trouvent une série de cabanons, ainsi que deux petites plages de galets et plusieurs criques. L'entrée de la calanque ne mesure qu'une quarantaine de mètres et les gros bateaux ne peuvent y pénétrer.

Complètement abritée du mistral, Sormiou fait le bonheur des amateurs de bains de soleil. En revanche, l'eau est très froide, dépassant rarement les 15 °C – probablement en raison de sources sous-marines. Les apnéistes peuvent tenter d'atteindre la grotte qui est située à gauche de la calanque : l'entrée est à quelques mètres sous la surface de l'eau et on débouche dans un conduit qui s'ouvre sur le ciel plusieurs dizaines de mètres plus haut, surnommé « la porte de Rome ». Les traces de griffures à hauteur d'eau auraient été laissées par des phoques piégés dans ce trou…

Morgiou

Marseille 8e

Eau douce, restaurant.

SITUÉE À L'EST DE SORMIOU en suivant le chemin vicinal qui passe à côté de la prison des Baumettes, Morgiou est, comme sa voisine, l'une des plus belles calanques de la Méditerranée. Elle est cependant moins grande (550 mètres de long sur quelques centaines de mètres de large) et moins bien lotie en matière de plage, n'en possédant que deux petites, à gauche du port. Ces deux plages de sable sont très propres mais assez exposées au vent. Sur la droite, un sentier conduit jusqu'au cap Morgiou, sous lequel se trouve la grotte Cosquer (voir p. 132-133), célèbre site préhistorique dont l'entrée est située à 37 mètres au-dessous du niveau de

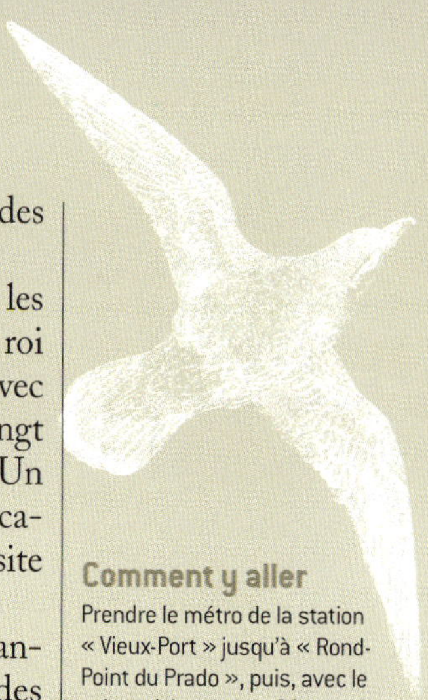

la mer. Sur la gauche, le sentier passe au-dessus des plages et mène jusqu'à Sugiton.

On pense que Morgiou a été fréquentée par les Romains car on y a trouvé quelques vestiges. Le roi Louis XIII vint y pêcher en novembre 1622 : avec son trident de vermeil, il embrocha plus de vingt thons sous les acclamations de la population ! Un escalier aurait été taillé dans la roche à cette occasion pour que le roi puisse monter admirer le site d'en haut.

Aujourd'hui, Morgiou est avant tout une calanque de pêcheurs, qui abritent leurs bateaux des caprices du temps dans son petit port. Elle accueille une bonne centaine de cabanonniers*, un bar, un restaurant, un téléphone public et deux citernes d'eau douce. À la la sortie de la calanque, juste sous l'aiguillon de Sugiton, on peut admirer une jolie grotte marine éclairée par les reflets mouvants de l'eau. Les amateurs d'escalade peuvent s'adonner à leur passion sur trois sites proches : la Paroi noire, l'Abri côtier et la Roche percée.

Comment y aller

Prendre le métro de la station « Vieux-Port » jusqu'à « Rond-Point du Prado », puis, avec le même ticket, le bus 22 jusqu'aux Baumettes ou le bus 23 jusqu'à « Beauvallon ». Terminer à pied, c'est indiqué (compter 45 minutes).

L'accès aux voitures est interdit de la mi-juin à la mi-septembre. Hors saison, prendre la direction des Baumettes, puis emprunter la petite route qui mène à Morgiou en traversant le massif de Marseilleveyre. Il y a un parking dans la calanque.

Sugiton

Marseille 8e

LA CALANQUE DE SUGITON faisait jadis partie du domaine de Luminy. Le maître des lieux, un des plus grands armateurs marseillais, fit construire le chemin qui descend du col de Luminy ; il aimait s'y promener à cheval, d'où son nom de sentier du Centaure… C'est exactement ici que Charles Vanel et Yves Montand s'affrontent dans le beau film de Clouzot, *Le Salaire de la peur*.

La calanque, de forme presque carrée (200 mètres de côté), est composée de deux criques possédant chacune une petite plage de galets. En face, l'étroit îlot du Torpilleur ressemble à un navire de guerre.

Comment y aller

Se rendre à Sugiton par Morgiou (voir « Comment y aller » p. 152) en suivant le sentier de gauche ; compter 40 minutes de marche, avec deux passages difficiles. Sinon, prendre le métro de la station « Vieux-Port » jusqu'à « Rond-Point du Prado », puis, avec le même ticket, le bus 21 jusqu'au campus universitaire de Luminy ; c'est un tout petit peu plus loin, et très facile d'accès.
En voiture, emprunter la D559 en bas du col de la Gineste en direction du campus universitaire de Luminy et laisser son véhicule au parking de l'école d'architecture. Suivre ensuite à pied le chemin de terre qui descend en lacets jusqu'à Sugiton.

Un peu plus loin, la zone avec des pierres plates est réservée aux naturismes ; la terrasse construite par la Fédération française de naturiste marque le début de leur territoire, qui s'étend jusqu'à la calanque des Pierres Tombées (voir p. 159).

Sugiton est une calanque très attachante, avec son abondante végétation, ses hautes falaises et ses blocs de pierre tombés dans la mer. Dans ce cadre splendide, des sentiers mènent d'un côté vers Morgiou et de l'autre vers la calanque de l'Œil de verre. Au col de Sugiton, sur la droite, un large chemin conduit à un belvédère sur la crête ; de là, la vue sur le large et la calanque de Morgiou est époustouflante…

Aux pieds des falaises, de petites grottes sont aménagées. Mais l'eau est très froide en raison des nombreuses sources d'eau douce qui s'y déversent.

Les Pierres Tombées

Marseille-8e

Comment y aller

Se rendre à Sugiton par Morgiou (voir « Comment y aller » p. 152) en suivant le sentier de gauche ; compter 40 minutes de marche, avec deux passages difficiles. Sinon, prendre le métro de la station « Vieux-Port » jusqu'à « Rond-Point du Prado », puis, avec le même ticket, le bus 21 jusqu'au campus universitaire de Luminy. Prendre le sentier filant vers l'est, la « route du feu », d'accès facile. Dix minutes après Sugiton, vous atteignez les Pierres Tombées.
En voiture, emprunter la D559 en bas du col de la Gineste en direction du campus universitaire de Luminy et laisser son véhicule au parking de l'école d'architecture. Suivre ensuite à pied le chemin de terre qui descend en lacets jusqu'à Sugiton. Les Pierres Tombées se trouvent un peu plus loin.

CALANQUE JUMELLE de celle de Sugiton, les Pierres Tombées sont le paradis des naturistes. C'est une calanque étroite dominée par une falaise. Comme son nom l'indique, la crique est parsemée de grosses pierres blanches, bien exposées au soleil et bien abritées du vent. Les adeptes du bronzage intégral l'ont adoptée !

L'Essadon et l'Oule

Marseille 8e

EN PROVENÇAL, *eissado* signifie la houe… La calanque de l'Essadon (ou Eissadon, ou Eissadoun) s'insinue entre de puissants escarpements surmontés d'une aiguille rocheuse. Effilée par les vents qui délitent la roche et percée de trous, l'aiguille de l'Essadon s'abîme dans la mer en un à-pic vertigineux. Le cadre est somptueux, mais extrêmement difficile d'accès et on ne peut guère s'y baigner à cause des hauts-fonds acérés et du ressac important. En revanche, on y jouit d'une rare et précieuse solitude !

La calanque de l'Oule se situe elle aussi au fond d'un à-pic. Elle consiste en un étroit boyau incurvé, encastré dans la roche, et c'est une des calanques les plus difficiles d'accès par voie pédestre. Pour s'y rendre, il faut prendre de grandes précautions tant le chemin est dangereux. S'y baigner est également très risqué en raison d'une mer continuellement agitée, les flots semblant en ébullition – d'où son nom, car *oule* signifie marmite en provençal…

Comment y aller

Se rendre à Sugiton par Morgiou (voir « Comment y aller » p. 152) en suivant le sentier de gauche ; compter une heure de marche, avec deux passages difficiles. Sinon, prendre le métro de la station « Vieux-Port » jusqu'à « Rond-Point du Prado », puis, avec le même ticket, le bus 21 jusqu'au campus universitaire de Luminy. Après Sugiton, emprunter le sentier filant vers l'est ; la « route du feu » est d'accès facile jusqu'à l'Essadon et l'Oule.
À la mi-saison, les canoéistes chevronnés peuvent aller en canoë-kayak dans ces deux calanques par le nord-est, depuis Cassis : le parcours est magnifique.

Ci-dessus : l'Oule.
Ci-contre : l'Essadon.

En-Vau

Marseille 8e

LANGUE DE MER ENSERRÉE dans une architecture de hautes falaises au milieu des pins, la calanque d'En-Vau est l'une des plus grandioses de la Méditerranée. Deux aiguilles rehaussent sa beauté : la Petite Aiguille et le Doigt de Dieu (autrefois appelé la Fée d'En-Vau)… Large de 150 mètres sur presque 800 mètres de longueur, la calanque ressemble à un fjord avec ses eaux calmes et transparentes, dont la couleur va du bleu roi au vert saphir

grâce aux herbiers de posidonie* qui couvrent les fonds marins. Au fond se trouve une plage de galets complètement abritée du mistral.

Très connue, « la Perle des calanques » est aussi très fréquentée l'été. De plus, étant donné la hauteur des falaises qui l'entourent et son exposition est-sud-est, elle est à l'ombre assez tôt dans l'après-midi : pour les bains de soleil, mieux vaut s'y rendre le matin. Plusieurs de ses falaises sont équipées pour l'escalade et font la joie des passionnés. À quelques centaines de mètres de là, l'auberge de jeunesse autogérée de Fontasse accueille les randonneurs depuis des générations.

Comment y aller

Prendre le train à la gare Saint-Charles ou le bus à la gare routière juste à côté pour Cassis. À Port-Miou, emprunter le chemin des Douaniers (compter 45 minutes de marche). L'accès aux voitures est interdit de la mi-juin à la mi-septembre. Hors saison, prendre la D559 qui va de Marseille à Cassis. En face du camp militaire de Carpiagne, prendre la route qui passe par la forêt de la Gardiole et se garer au parking en hauteur. Le chemin descend doucement, on s'enfonce dans une sorte de défilé qui au dernier virage s'ouvre sur la mer (compter une heure de marche).

Port-Pin

Marseille 8e

PORT-PIN FORME avec En-Vau un immense « V » dont elle constitue la branche est. Longue de 700 mètres et large de 200, la calanque possède une très jolie plage de sable fin. Ombragée par une belle pinède, abritée du mistral, elle est orientée plein sud. Ses rives tranquilles sont accueillantes : on peut s'y baigner partout, au milieu des voiliers amarrés dans les eaux émeraude. Facile d'accès, la calanque est très fréquentée en été. Ici le naturisme est toléré.

C'est un vrai plaisir de faire à pied le tour de la presqu'île de Cacau, qui borde Port-Pin au levant. Il y subsiste des restes des trémies utilisées au XVIIIe siècle pour charger les bateaux des pierres découpées dans la carrière juste au-dessus (dites pierres de Cassis), ainsi que de nombreux vestiges militaires du XIXe siècle. À l'extrémité de la pointe de Cacau, on voit Port-Miou, Cassis et le cap Canaille. Au coucher du soleil, le panorama est d'une beauté à couper le souffle !

Sur les hauteurs, entre les calanques de Port-Miou et de Port-Pin se trouve un étranglement, une grotte dont le plafond est percé d'un trou minuscule : le « trou du souffleur ». Par temps de grosse mer, ce conduit émet un souffle puissant et lugubre tout à fait effrayant ! Le « Martin bouffe » se manifeste lorsque, par la pression des vagues, l'air est comprimé contre la voûte…

Comment y aller

Prendre le train à la gare Saint-Charles ou le bus à la gare routière juste à côté pour Cassis. À Port-Miou, emprunter le chemin des Douaniers (compter 30 minutes de marche).
L'accès aux voitures est interdit de la mi-juin à la mi-septembre. Hors saison, prendre la D559 qui va de Marseille à Cassis. En face du camp militaire de Carpiagne, prendre la route qui passe par la forêt de la Gardiole et se garer au parking en hauteur. Continuer à pied en suivant le large chemin qui descend vers la mer, puis le petit sentier étroit qui traverse le vallon du Pailladou (compter 1 h 30 de marche).
Depuis le port de Cassis, des bateaux vous y déposent aussi.

GRAND ETABLISSEMENT THERMA
ET BAINS DE MER
DU ROUCAS-BLAN
PLAGE·PRADO·MARSEILLE
HÔTEL
DE 1er ORDRE
Ouvert toute l'Année
LA SOURCE
SPÉCIALITÉ POUR NOCE
DÉJEUNER
à 3 Fcs & DINER à 4 F
INSTALLATION HYDROTHÉRAPI
ecteur

Petit lexique du parler marseillais

Bouillabaisse : soupe de poissons de roche – fielas (congre), rascasse, saint-pierre, gallinette* (rouget grondin), vive, roucao et verdao, ainsi qu'éventuellement loup* et dorade –, et pourquoi pas favouilles (crabes), chambri (cigale de mer), langouste, dégustée avec des tartines de sauce rouille, d'aïoli ou de piment. Du provençal *bouil-abaïsso* : quand ça bout, baisse le feu ! Chaque famille marseillaise fait la VRAIE bouillabaisse... qui change chaque fois!

Cabanonnier : propriétaire d'un cabanon de calanque.

Cacou : terme affectueux désignant un petit jeune des quartiers.

Cagani : petit dernier, dernier né ; bébé.

Chichis-frigis : longs beignets torsadés.

Dégun : personne (« ne craindre dégun », « sans rien demander à dégun »).

Engambis : problèmes, embrouilles.

Espincher : épier.

Estranger : étranger.

Félibrige : association de défense de la langue d'oc créée par Frédéric Mistral. Elle est présidée par le « capoulié».

Gabian : goéland leucophée, *Larus michahellis*.

Gallinette : rouget grondin. Par extension : jolie fille, poulette.

Girelle : petit poisson multicolore de Méditerranée. Par extension : jolie fille.

Jobastre : simple d'esprit, naïf.

Loup : poisson méditerranéen apparenté au bar.

Madrague : piège fixe composé d'une vaste enceinte de filets à compartiments, disposés près de la côte pour capturer le thon ; corporation des pêcheurs de thon jouissant autrefois de puissants privilèges.

Minot : jeune garçon.

Moule-datte : moule sauvage de la Méditerranée (*Lithophaga lithophaga*), espèce qui est aujourd'hui protégée.

Niston : enfant.

Pageot : dorade rose.

Pébron : poivron. Par extension : personne pas très intelligente...

Pescadou : pêcheur.

Pitchoun(e) : petit(e).

Plomber : taper, en parlant du soleil.

Pointu : barquette marseillaise de pêche traditionnelle. Se distingue grâce à une pièce de bois (capian) en forme de phallus que le charpentier de marine dispose à l'avant de l'embarcation.

Posidonie : *Posidonia oceanica*. Plante à fleurs qui constitue des herbiers sous-marins protégés. Ceux-ci sont peu à peu arrachés par les ancres des bateaux, tandis que ces mêmes ancres répandent la fameuse algue verte, *Caulerpa taxifolia*, dans toute la Méditerranée...

Risade : blague.

Sardinade : grillade de sardines.

Seinche : pêche au thon en pleine eau pratiquée avec des filets pierrés et flottés disposés à la manière des madragues*.

Traviole : petite rue étroite.

Plage de Malmousque.

Index

Les noms en italique renvoient aux noms de communes ou de parties.

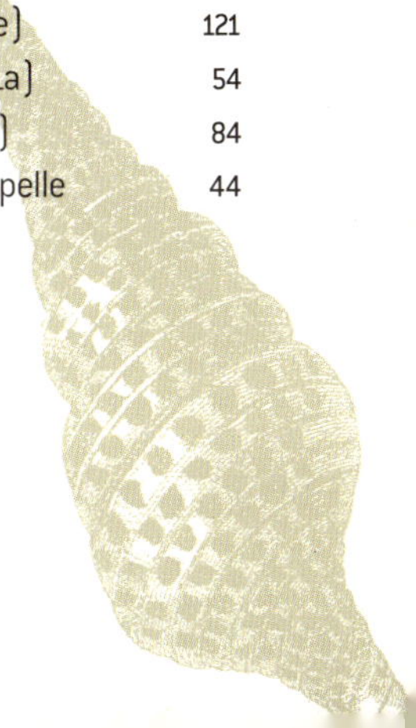

Merci à mon ami Sylvain Ageorges, photographe à l'œil aguerri, rencontré il y a une dizaine d'années devant un verre de pastis et une piscine vide…

Merci à Gérard Chevé, un ancien pêcheur, devenu historien et écrivain. Nous lui devons beaucoup, car il a une connaissance sans égale de ces endroits. Nous ne saurons trop engager le lecteur qui souhaiterait en savoir plus sur, notamment, la toponymie des lieux, de consulter son livre *De l'Estaque à Pounent* (éditions de la Nerthe, 2003).

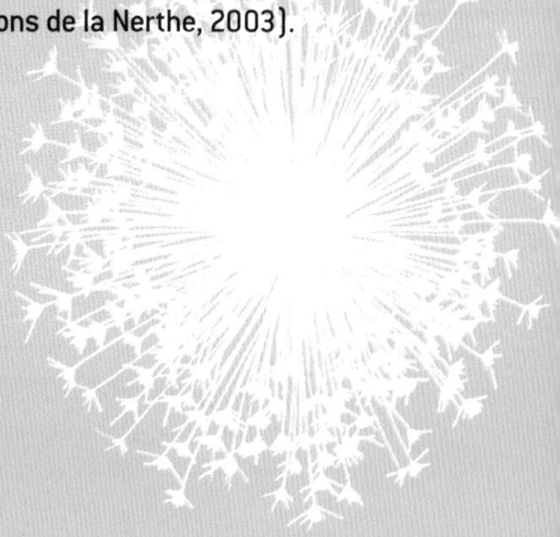

Avec la collaboration d'Irène Colas
Édition : Mathilde Kressmann
Stagiaires : Mélanie Uleyn et Albane Chomette

Direction artistique : Isabelle Chemin
Maquette : Nota Bene
Cartographie : Aurélie Boissière

ISBN : 978-2-35179-020-5
Dépôt légal : mai 2008
Photogravure : Alésia Studio, à Sèvres
Achevé d'imprimer en France en mars 2013